リモート時代は
オンライン営業
で勝つ！

販売実績
30億円超！

驚くほど売れる
即決プレゼン術

しゃべくり社長
川瀬 翔
Sho Kawase

はじめに

「あなたは、これまでにプレゼンテーションのやり方を教わったことはありますか？」

このように質問されて、教わったことがあると回答する人は多くはないでしょう。日本の教育の場でも、企業研修の中でも、プレゼンの方法を指導しているところは少ないのが現状です。そのため多くの人が「〇〇についてパワーポイントなどで解説してください」と言われても、「まず何から始めればいいんだろう……？」と悩んでしまいます。

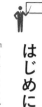

そして現在はプレゼンの場はリアルの空間からインターネット空間へと移り、「オンラインプレゼン」が主流になろうとしています。「オフラインのプレゼンのやり方も分からないのに、ましてやオンラインプレゼンなんて、どうすればいいの？」と疑問に思うでしょう。

しかし新型コロナウイルス感染症以降、オンライン化は急速に進んでおり、オンラインプレゼンのニーズは、これまで以上に高まっていくことは間違いありません。すでにオンラインでミーティングやプロジェクトを進めている企業は増えていますし、商品説明をオンラインで実施している保険代理店も出てきています。中には、「オンラインになってからの方が売上が上がった！」というセールススタッフもいますし、本書で解説しているオンラインプレゼンを学び「サービスの成約率が３％から60％に上がり、ひと月で５４０万円の売上を出した！」という人もいます。

これから起業したり、自分のビジネスの幅を広げたりしたいと考えている人にとって、オンラインプレゼンのスキルは「必須科目」となっていきます。

本書では、オンラインプレゼンの基本的な知識や、売上を出すための実践的な手法について解説します。まず序章ではオンラインプレゼンが最強のビジネススキルであり、ビジネスやプライベートの場でも活用できることを解説します。

序章から第３章までは基本的な知識や売上を出すための実践的手法、「即決型オンラインプレゼン」がさまざまなＷｅｂマーケティング手法の中でも利益を出しやすい理由を解説しています。プレゼンについての基本的な知識についての話になっていますが、オンラインプレゼン独自のポイントにも触れているので、オンラインプレゼンの経験者や、オンラインでのビジネスに苦手意識のある人にもぜひ読んでいただきたい内容です。

第3章以降はオンラインプレゼンをする上で、具体的なプレゼン構築の方法やテクニックについての話になっています。即決型オンラインプレゼンを作るための手順やさまざまなテクニック、さらに上を目指す人向けに、発展的なテクニックを5つ用意しました。

最後に、著者の自己紹介をしておきます。改めまして「しゃべくり社長」こと川瀬翔と申します。株式会社HUUKの代表取締役で、経営コンサルティングやセミナー企画・運営業務、商品開発やマーケティングフローの確立・ビジネスの成長戦略といったプロデュースなどの事業をしています。TwitterやYouTubeなどでは、営業・マーケティング・トーク・プレゼン術などの情報を配信しています。

過去5年間でおよそ6000講演に登壇(1日平均3講演)し、オンラインに移行後は年間ベースで5000回ほどオンラインセミナーを実施してきたため、私は日本一オンラインセミナーを実施している人間でしょう。

オンラインプレゼンは非常に発展性がありますが、本格的に学び、実践していっている人はまだまだ少ないと言えます。本書を通じて、あなたがオンラインプレゼンのスキルを高め、ビジネスだけではなくプライベートなどにも応用していけるようになれることを願っています。

また、**本書をお読みいただいている方限定で、3時間以上の超大作動画を特別にプレゼントします。見るだけで人生が変わると評判が高い、〝伝説〟の「最新セミナーマーケティングスペシャル講義動画」を提供させて頂きます。**

QRコードを読み取って、是非セミナー映像の受け取り申請をして下さい！

セミナーを行う予定がない方でも、普段のプレゼン力アップに応用できる内容をたくさんお話しています。

本書の内容をより理解を深めるための加速学習教材としても活用できるので、必ず御覧ください。

しゃべくり社長　川瀬翔

【本書読者様への特別プレゼント】

3時間以上のボリューム！
伝説の「最新セミナーマーケティングスペシャル講義動画」が無料で見られます！

▼まずはこのQRコードから登録を！

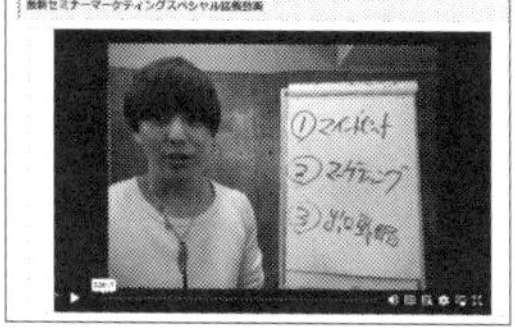

目次

第4章 即決型オンラインプレゼンテーションを作る4つのステップ

第7章 ワンランク上のプレゼンターを目指す！ セミナーで利用できる5つのテクニック

序章

オンラインプレゼン術は最強のビジネススキル

そもそもオンラインプレゼンとは?

オンラインプレゼンテーションとは、**ZoomやGoogle Meetなどのオンラインツールを使って行うプレゼンテーション**のことです。オンラインプレゼンはインターネット上で実施されるため、主催者側と聴衆が同じ場所に集まる必要がなく、それぞれがどこにいても問題ありません。また、オンラインで実施されるにもかかわらず、オンラインプレゼンは対面でのプレゼンと同様、主催者の想いや商品の魅力を伝えたり聴衆とコミュニケーションを取ったりすることが可能です。

これまでプレゼンというと、対面で実施するタイプがほとんどでした。実際にあなたがこれまでに受けてきた学校の授業や企業研修、そして自分の興味のある分野の学習会・勉強会などの多くは対面形式だったでしょう。それと同じように、プレゼンもリアルの場所に集まり、人前でパソコンやプロジェクターなどを活用して説明する形式でした。

ところが新型コロナウイルス感染症の拡大に伴って、プレゼンのあり方は変化していったのです。

新型コロナはプレゼンだけではなく、それよりももっと根本的な「ビジネスのあり方」や「人々のコミュニケーション」も変化させました。感染拡大を防ぐ目的で、他人との接触・密集を避けるよう、ニュースでも繰り返し報道されましたね。その影響で、通勤電車や出社によって人々が密集すれば、感染が拡大するリスクがあると判断されるようになりました。

そして感染拡大防止のため、多くの会社でリモートワークが導入されていき、ＺｏｏｍやＧｏｏｇｌｅ　ｍｅｅｔといったオンラインツールの利用も一般化されていきました。

その結果、これまでの業務の多くがオンラインでも対応できることを人々は理解し、現在ではウェビナー(ウェブセミナー)やオンライン営業、オンライン学習、オンライン飲み会なども広まり、社会全体でオンライン化が加速していったのです。

その流れでプレゼンもオンライン化が進みます。**オンライン化は今後さらに加速していき、オンラインプレゼンに参入していく人も増えていくと私は確信しています。**

【オンライン化したものの事例】

会議・ミーティングシステム
仕事・プロジェクト管理
学習・講座
オンラインカウンセリング・心理相談
オンライン飲食店
オンラインフィットネス
オンライン決済・支払い
オンライン医療・診断
オンライン生活支援
オンライン旅行
オンラインメディア・動画配信
オンラインマッサージ　など

インターネット時代ではオンラインプレゼン術がビジネスを決める

新型コロナ以降はオンライン化が進み、本格的にインターネット時代に突入しました。インターネットに接続できる環境さえあれば、どこでもコミュニケーションやビジネスが成立しますので、オンライン化は今後も進んでいくでしょう。

あなたもオンラインを使ってビジネスをしている、もしくはこれから始めようと考えていると思いますが、本書で解説しているオンラインプレゼン術は、インターネット時代に事業規模を広げるための武器になります。なぜなら**「トークは一番のPRであり、伝えたいことを最も伝えやすくするための手段」**であるためです。

勘違いしている人が多いのですが、オンラインプレゼンの役割は商品を売ることだけではありません。オンラインプレゼンでは、「私はこういう人間である。こういう風に考えている」といったように、自分の想いを発信する役割もあります。オンラインプレゼンの目的については、第3章で詳しく説明します。

自分の想いを発信する際には、トークが最も威力を発揮する方法になります。インターネットが普及し、個人で情報を発信する手段は増えていますが、いつの時代でもトークは最強のPR手段です。**たとえ何万字もの文章を書いても、動画コンテンツを見せても、リアルタイムでのトークに勝るものはありません。**

起業家や経営者・個人事業主であれば、「自分のビジネスをこのように進めていきたいと思っている」としゃべれるようになれば、事業規模を拡大できます。

日本には優秀なプレゼンターがほとんどいない

「これからもオンラインプレゼンは普及していき、ビジネスで大きな武器になる」と説明しましたが、残念ながら日本国内では優秀なプレゼンターがほとんど存在していません。

世の中で一流と呼ばれている経営者は、ほとんどが優秀なプレゼンターでもあります。海外を見渡すと一流のプレゼンターが多いのですが、日本の経営者の中でプレゼン技術の高い人は少ないのです。

海外の場合、社長が表に立って人前で何かを話すのは当たり前です。彼らは聴衆の前で、会社に関する最新の情報やニュース、考え方を語ると同時に、聴衆とのコミュニケーションを実施します。例えばＡｐｐｌｅのスティーブ・ジョブズ氏は、新商品が登場する時に毎回プレゼンをしていました。もともとジョブズ氏はセミナー業界の人なので、優秀な経営者になる前に、一流のトーカーとしてのスキルも持っていたんですね。

他にも元アメリカ大統領のドナルド・トランプ氏も、元々はロバート・キヨサキ氏と一緒にセミナーを開催していた過去があります。そのため一流のプレゼン技術を活用し、さまざまな事業を興していったのは当然の話と言えるでしょう。

一方で日本の場合、海外とは大きく異なります。日本の経営者の中で、高いプレゼン技術を持つ人は少ないですし、そもそも人前で話す人も少ないのです。ジョブズ氏のように、新商品が開発されるたびにプレゼンをする企業は、日本にはありません。したがって日本では、優秀なプレゼンターは出てこないのです。

しかしプレゼンは情報を提供するだけではなく、聴衆とコミュニケーションを取り、感情を動かすことができる絶好のチャンスになります。ですので、社長が表立ってプレゼンをすれば、そのプレゼン自体が大きなPRになるのです。

これからの経営者や起業家は、プレゼンをする競合が少ない今がチャンスです。差別化も兼ねて、プレゼンに挑戦するべきでしょう。

会社員でもオンラインプレゼン術は役に立つ

オンラインプレゼン術が役に立つのは、経営者や起業家だけではありません。先述したように、オンラインプレゼン術はさまざまな場面で活用できる、応用力の高い技術です。そのため、今後ずっと会社員として生きていく方でも、キャリアを積んでいくのに活用できます。

例えば、社内でオンラインプレゼン術を活用する際におすすめな場面は**「商品開発」**です。

商品開発では、新商品の特徴や開発のスケジュールなどが語られがちですが、オンラインプレゼン術を身に付けた人がフォーカスするのは「商品を売ること」になります。

オンラインプレゼン術では商品を売るために、聴衆に対して感情を揺さぶるトークやシナリオを用意します。商品開発をする際も、「プレゼンをすること」を前提に考えれば、「どうすればお客さんが動くのか」という点に注目できるので、お客さんに対する見せ方を工夫したり、売るためのシナリオを作ったりできます。

いい商品は、自然にプレゼンもしやすいという特徴があります。そのため、プレゼンを前提に商品を作れば、売れる商品を簡単に作れるのです。今後あなたが会社員としてキャリアを積み重ねたい場合、オンラインプレゼン術は強力なスキルとなるでしょう。

オンラインプレゼン術は企業研修、営業、恋愛にも応用できる

ここまで読んだあなたは、

「俺は商品の企画とかやらないし、関係ないな」

「私は普段プレゼンする機会なんてないからオンラインプレゼン術はいらなそう」

と考えていませんか？

しかしオンラインプレゼン術は、あなたの身の回りのさまざまな場面に応用可能です。

この本を手にしているのは、会社員や個人事業主・起業家・経営者がほとんどだと思います

が、オンラインプレゼン術は仕事・プライベートのどちらでも活用できます。

例えば企業研修や営業・やる気のない部下や上司への鼓舞・友人や家族との交渉・恋愛など。**オンラインプレゼン術は汎用性が高く、一度身に付ければ、一生活用できる技術になるでしょう。**

トークの質には3段階ある

オンラインプレゼン術を身に付ける際にまず意識して頂きたいのは、**トークの質**です。あなたや私も含めて、人々は何気なく口から言葉を発していると思いますが、そのトークには質の違いがあります。ここではトークの質を次の3段階に分けました。

【トークの3段階】

1・ただのおしゃべり

2・プレゼンテーション

3・コミュニケーションプレゼン

あなたが一生使えるオンラインプレゼン術を身に付けるために目指すべき段階は、もちろん3段階目の「コミュニケーションプレゼン」です。そして本書で繰り返し述べている「オンラインプレゼン」も同様に、コミュニケーションプレゼンのことを指しています。コミュニケーションプレゼンは、1・2段階目のトークとはどのように違うのか解説していきます。

まず1段階目の「**ただのおしゃべり**」について。これは有益な情報も何もない、単なる「雑談」です。例えるなら「**校長先生のお話**」ですね。小中学校時代を思い返してみてほしいのですが、校長先生のお話って、とても退屈でしたよね？ 役に立つ知識もないし、感情が揺さぶられるわけでもなかったと思います。ですが、学校以外の多くのセミナー・講演会に足を運んでみても、登壇者による「ただのおしゃべり」が多く見られます。

ところが「**ただのおしゃべり」に「有益な情報」が乗ることによって、2段階目の「プレゼンテーション」に変わります。**ただしプレゼンというのはあくまでも「情報を提供するためのいち手段」に過ぎません。情報を得ることだけが目的であれば、本を読んだり動画を見たりすれば十分であり、プレゼンである必要がなくなります。つまり、必ずしもあなたのトークを聞かなくても良いことになってしまうのです。

それでは一流のセミナー講師たちが何をしているかというと、3段階目の「**コミュニケーションプレゼン**」です。

コミュニケーションプレゼンでは、**聴衆とのコミュニケーションを通して、相手の感情を揺さぶること**を意識します。そのため、「ただのおしゃべり」でもなく「プレゼンテーション」でもなく、もう一段上を行けるのです。

それに対して、二流・三流の講師がやりがちなのは「パワポやスライドを見せながら、ただベラベラ話すだけ」というタイプのセミナーです。一方的に話されるだけだと聴衆は退屈で、感情は動かないから、商品への購入にもつながりにくくなります。だからコミュニケーションプレゼンでは、聴衆の感情を動かすことにフォーカスしなければなりません。

そして「感情を動かすコミュニケーション」には、いくつかのパターンがあります。それをマスターすれば、あなたは「3段階目のトーカー」になれますし、仕事に限らずさまざまな場面で、人の感情を動かせるようになるでしょう。感情を動かすコミュニケーションのパターンについては後述します。

世の中で成功しているのは全員3段階目のトーカー

トークの3段階のうち、多くの人は1段階目と2段階目のトーカーに留まりますが、世の中で成功している起業家・経営者は全員が3段階目のトーカーです。**必ずと言っていいほど、成功者は人前で話すことをしています。**

例えば会社の社長の場合、従業員の前で「このような方向性で進んでいこう」、「このようにやっていこう」といったことを話します。当然、従業員の前で話すのは、単に情報を伝達することだけが目的ではありません。従業員のやる気を上げて士気を高めたり、モチベーションを高めて売上UPを狙ったりする役割があるのです。

また、銀行で融資を受ける場合もトーク力が求められます。融資において重要なのはもちろん経営計画ですが、銀行は経営計画だけを見て融資をすることはほとんどありません。銀行は経営計画に加えて、社長のプレゼン力や熱意・情熱なども参考にしているのです。「この社長は本気でビジネスを成功させたいと考えているんだな」、「コネはなくともこれをやり切れるだろう」と感じさせるような人に対して、銀行は融資を行います。

現在は何を行うにもインターネットが不可欠な時代なってきており、人と会話せずとも仕事を取ることは不可能ではありません。しかし、**あなたがオンラインプレゼンで効率的に商品を販売し、大きな利益を得たいのなら、コミュニケーションやトーカーとしての技術を持っておくことが重要です。**

第1章

オンラインプレゼンの
メリットとデメリット

オンラインプレゼンのメリット

序章では、新型コロナウイルス感染症の影響で、対面でのプレゼンが実施される機会は減ってきたことをご説明しました。感染拡大し始めた当初は、もしクラスターが発生すれば、イベントの企画者は批判される恐れがありました。そのため、気軽にイベントを開催できない空気感が強かったのを覚えています。

そこでさまざまな場面でオンライン化が加速し、２０２１年にはオンラインプレゼンも普及し始めました。最近ではオフラインのイベントが少しずつ再開され始めてはいますが、オフラインの便利さに多くの人が気づいたため、依然としてオンラインプレゼンは利用され続けており、今後も利用する人は増えていくと私は考えています。

それではオンラインプレゼンにはどのようなメリット・デメリットがあるのでしょうか？

１章では、オンラインプレゼンをやっていく人が事前に押さえておきたいメリット・デメリットを解説します。

メリット❶ 講師がその場にいなくても良い

オンラインセミナーは、どこからでも開催することができるという利点があります。これにより、講師は自宅や出張先など、どこにいてもセミナーを実施できます。

オフラインのセミナーの場合、その場に行かなくてはなりません。だから移動の手間や時間がかかります。特に、住んでいる場所から遠い場所へ移動する場合、交通費や時間を考慮し、時間に遅れないように気をつける必要がありますし、事故や台風などの影響によって移動中にトラブルが発生したり、道路が混雑して遅れたりするケースもあるでしょう。

それに対してオンラインであればどこでもセミナーを開催できますので、交通事故や天候の影響で遅刻することはありません。交通トラブルに巻き込まれるようなリスクもなくなるので、安全かつスムーズにセミナーを実施できるでしょう。

通信環境が悪ければセミナーを円滑に進められなくなりますので、オンラインセミナーを実施する人は、自分の通信環境を見直し、スムーズにセミナーができるようにしましょう。

メリット❷　コストを抑えられる

オフラインとは異なり、オンラインプレゼンではコストを抑えることが可能です。オフラインで発生する費用には、次のようなものがあります。

- **会場費**
- **会場までの交通費や宿泊費**
- **ゲストへ支払う報酬や交通費、宿泊費**

私はセミナー業界が長く、これまでにさまざまな方にセミナーへ登壇していただきました。例えば編集者の箕輪厚介氏やキングコング西野氏、「金持ち父さん貧乏父さん」で有名なロバート・キヨサキ氏、そしてAppleの共同設立者の1人であるスティーブ・ウォズニアック氏など。

こうした著名人をお呼びするにもお金がかかります。箕輪氏や西野氏などは約50万円から300万円であり、ロバート・キヨサキ氏は約600万円、スティーブ・ウォズニアック氏が最も高く、約1200万円でした。

さらに会場費も必要であり、1回5000人規模のイベントを開催すると、約5000万円から6000万円かかります。

イベント自体が高額になると、集客・販売が予定通りに進まなかった時に大きな損失につながってしまいます。そのためオフラインでのイベントは、「人が集まらない」「売れない」リスクがあるのです。

一方でオンラインの場合はコストを大きく抑えられます。**リアルのイベントではないため会場費は発生しませんし、登壇者に支払う交通費・宿泊費もかかりません。**加えてオンラインであれば、インターネットの接続環境さえあれば気軽に参加できますので、**登壇のハードルが低め**である強みもあります。そのためゲストをお呼びする際にも、オフラインで直接会場に来てもらうより、支払う報酬を抑えることが可能です。

以前、チャリティーイベントを開催する際に、資産家のウォーレン・バフェット氏の義理の娘であるメアリー・バフェット氏をオンラインでお呼びしたことがあるのですが、そのイベントでは無報酬で登壇していただけました。このようにオンラインであれば会場に来ていただくこともなく、実現させるためのハードルが低くなることもメリットです。

メリット❸　リストを獲得できる

オンラインプレゼンには「リストを獲得できる」という強みもあります。リストとは「顧客リスト」のことです。**自分の商品・サービスを購入してくれる見込みのある人の情報をまとめたリスト**であり、名前や住所・電話番号・メールアドレスなどのデータを指します。

オンラインイベントの良いところは、イベント主催者がリストをすべて獲得できる点です。

もしあなたがオンラインイベントに著名人を呼び、告知しただけで８００人が集まったとすると、イベントを実施し終えた後、あなたの手元には自分の商品・サービスの購入見込み客の情報が800人分残ることになります。リストを0人から800人に増やせれば、それだけでも大きな売上アップにつながりやすくなります。

それに対して、自分のブランドを0から構築していこうとする場合、オンラインイベントへの参加者を急速に増やすことは困難です。いくらオンラインでイベントを開催したり、イベントの参加費を無料にしたりしても、多くの参加者を短時間で集めるのは不可能でしょう。

そこでおすすめの方法は「**巨人の肩に乗ること**」です。先述したように、オンラインでのイベントは登壇へのハードルが低いため、著名人を招きやすいという特徴があります。オンラインであれば、遠方からでも参加できますし、5分から10分といった短い時間だけで登壇していただくことも可能です。私が過去にロバート・キヨサキ氏やメアリー・バフェット氏をお呼びしたように、相手のブランドをうまく活用すれば、一気にリストを獲得できます。

メリット❹　集客しやすい

オンラインセミナーは集客しやすいというメリットもあります。その理由は2つあります。

1つ目の理由は、「**参加費が安いため**」です。すでに解説した通り、オンラインセミナーはインターネット上で完結できるため、会議室や教室を借りる費用・講師の旅費などが不要になり、参加費を安く設定できます。したがって、より多くの人々を集められるのです。

2つ目の理由は「**参加しやすいため**」です。オンラインセミナーは講師だけではなく、参加者にとっても便利になります。参加者は自分の好きな場所から参加できますので、気軽にセミナーに申し込めます。

主催者と参加者が遠く離れていても参加できるので、より多様な参加者が集まり、コミュニケーションを取ることができます。加えて、オンライン上でも参加者同士の交流が可能なので、参加者は他の人とも交流を持つことができ、参加者が増えるきっかけを提供できるのです。

また集客の方法についても、さまざまなやり方ができます。最も便利なのは、インターネットを使って広告を出すことです。インターネット上には多くのメディアがあり、それらを使って、ターゲットとなる参加者に向けて宣伝をすることができます。例えば**Facebookや Twitterを活用したSNS広告や、Googleを利用したリスティング広告、そしてYouTubeの動画広告**を利用するのも良いでしょう。これにより、多くの人々にアクセスでき、集客することができます。

メリット❺　商品を一度にたくさん販売できる

オンラインプレゼンでは、商品の価格にかかわらず、それらを一度にたくさん販売できる強みがあります。**多くの人をセミナーに呼び込むことができれば、その分だけ自分の商品を売れるチャンスが増えるためです。**

もちろん、オンラインプレゼンを数回開催しただけでは、すぐに商品を多く販売できるようにはなりません。商品を多く売るには、まずオンラインプレゼンで多くの人を集めるための集客術と、セミナーに参加する人の感情を揺さぶることができるトーク術が必要です。これらのスキルが身に付いて、初めて商品の販売件数を増やせます。

とはいうものの、オフライン・オンライン問わず商品を一気に売る経験のある人は少ないもの。多くの人は初めにＳＮＳでフォロワーを増やすことに奮闘しており、自分に興味を持った人に対してダイレクトメールを送って営業したり、個別面談を地道に実施して商品を売ったりしているのではないでしょうか。

しかし、個別で営業するのも個別面談をするのも、実はとても効率の悪いやり方なのです。私は個別面談は一切やっておらず、基本的にセミナーで人を集めて成約を得ています。セミナーであれば、人を集めれば集めるほど売れる商品の数は増えますので、時間効率も資金効率も高いのです。**１００人集めれば20人ほどのバックエンド商品を売れるので、一撃の破壊力が大きくなります。**

メリット❻ 成約率がオフラインと変わらなくなる

私は新型コロナウイルス感染症の流行以降、数多くのオンラインセミナーを実施してきました。「はじめに」で自己紹介させていただきましたが、**年間ベースで軽く5000回ほどオンラインセミナーを実施**しましたので、私は日本一オンラインセミナーを行っている人間と言って言い過ぎではないと思います。

数多くセミナーを開催し、試行錯誤した結果、リアルでのプレゼンとほぼ変わらない成約率に達することができました。オフラインのセミナーの場合、成約率の平均は30〜40％です。もちろん集客や広告の出し方によって数値は大きく異なってきますが、私のことを知らない新規のお客様に対応した際は、10人に3〜4人の割合で成約できます。

一方で、SNSを経由した場合や元々リストに入っていたりした方の成約率は、平均で50％ほどとなります。2人いたら1人は成約できるので、多くの方を集客できれば、大きな売上につながるでしょう。

こうした高い成約率は、オンラインのセミナーでも実現可能です。オンラインプレゼンの成約率をオフラインと同等にするためには、セミナーの構成・ストーリー作りが重要になります。具体的な手法は、第4章「即決型オンラインプレゼンテーションを作る4つのステップ」以降で解説します。

これからもオンラインの時代は続くので、効率的に収益を上げるためにも本書で解説しているノウハウを実践し、成約率を高めていきましょう。

オンラインプレゼンのデメリット

オンラインプレゼンは場所の制限を受けず、コストも抑えられる強みがあり、マーケティングにおいて大きな武器になる手法ですが、何点かデメリットもあります。その多くがオンライン独特の内容となりますので、これまでオフラインだけでプレゼンをやってきた人や、これからオンラインプレゼンを実施する人は、必ず押さえておくようにしましょう。

デメリット❶ 客層が異なる

オンラインで開催されるイベントやセミナーは、客層が異なることがある点に注意してください。**オンラインの場合は参加へのハードルが低いため、好ましくない人も参加してしまうことがあります。**その理由としては、「参加費がかからない場合もある(もしくは安い)」、「特定の場所に移動する必要がない」、「服装や髪型などの条件がない」などがあります。こうした要因により、イベントやセミナーを開催する上で不適切な行動をする人が参加するケースもあるでしょう。

例えばセミナー中に不適切な発言や冷やかしをする人、そしてトラブルを引き起こす人などが入り込むリスクがあります。問題がある人が混ざれば、セミナー自体が成り立たなくなるだけではなく、他の参加者を不快にさせる恐れもあるでしょう。

そのため、**オンラインイベントやセミナーの開催にあたっては、事前に参加者のスクリーニングをすることが重要**です。具体的には、参加登録の時点で、その人の職業や年齢などの個人情報を入力してもらうことで、対象者の絞り込みが期待できます。

また、参加者に事前に説明をすることも有効です。例えばセミナーのテーマや内容、参加者に求めるスキル・経験・知識などをあらかじめ伝えておけば、参加者は自分に合った内容かどうか事前に判断できるので、こちらが望んでいる性質の参加者に絞り込める確率が上がります。

デメリット❷　話の質を落とさなければならない

オンラインセミナーでは話の質を落とす必要があります。なぜなら、**難しい話になると参加者が離脱してしまうため**です。

たしかに、難しい話になると付いていける人が少なくなるのは、オフラインセミナーでも起こり得ることでしょう。オンラインセミナーに限った注意点ではないのではないか、と感じる人もいるのではないでしょうか。

しかしオンラインとオフラインでは客層が異なり、オンラインの場合は「簡単に理解したい」「難しいことは分からないけど、すぐ役立つことを知りたい」といった、ライトな層が多くなるのです。それに対してオフラインの場合はアクティブな人が多く、何か面白いことや刺激的なことが好きな人が多い傾向にあります。

そのためオンラインセミナーでは、話の質を落として参加者が離脱しないようにすることが重要です。例えば、話す内容を分かりやすく簡潔にまとめ、参加者が理解しやすいようにしたり、参加者が求める情報を提供したりするような工夫をしましょう。参加者の離脱を防ぐための実践的な方法は第2章でも詳しく解説していますので、参考にしてください。

デメリット❸　参加者は雑音で集中力が乱れる

参加者は、雑音によって集中力が乱れる可能性があります。なぜなら、**オンラインセミナーは、集中力が切れやすい環境にいるため**です。

先ほども解説した通り、オンラインでは参加者の意識をずっとセミナーに向けるのは困難です。気軽に参加している人も多く、自分の好きなキーワードだけに反応して申し込む人も過去には多く見られました。例えば投資に興味のある人であれば、「不労所得」や「ＦＩＲＥ」といった単語にだけ反応し、セミナーの中身を見ずに申し込みだけするようなイメージです。

私が開催してきたセミナーでは、スマホで私のセミナーを受講し、ｉＰａｄで別の人のセミナーを受講していた人もいました。オンラインセミナーは場所に制限されないため、同時に複数のセミナーに参加することも可能になります。

また、セミナー中にスマートフォンやｉＰａｄなどで他のことをする人も多くいます。あなたもオンラインセミナーや会議、友達とのオンライン通話をしていて、退屈になった時にカメラに映らないようにスマホを操作したことがあるのではないでしょうか。

このようにオンラインセミナーの参加者に対して、常に集中してもらうことは不可能です。**主催者側は、「参加者の集中力は持続しない」という点をよく押さえた上で、セミナー作りをしなくてはなりません。**難しい話にせず、シンプルな話・構成を意識し、なるべく参加者が集中しやすくしましょう。

デメリット❹ 情報だけでは価値がない

オンラインプレゼンでありがちなミスは、「情報だけをべらべらしゃべってしまう」という点です。よく見られる失敗例は、序章の「トークの3段階」のところでもお伝えした「パワーポイントを画面共有してしゃべり続ける」というスタイルのプレゼンです。

「それのどこが悪いの?」と感じた人もいるかもしれませんが、パワーポイントの情報を伝えているだけでは、参加者と十分に会話できなくなってしまうのです。

オンラインプレゼンでやるべきは、「参加者とのコミュニケーションを通して、相手の感情

を揺さぶること」です。そのため、情報だけをしゃべり続けるスタイルのプレゼンでは、参加者の感情を動かすことはできません。情報を取得することだけが目的であれば、本でも動画でも良いことになってしまいます。

私たちが実施しているのはオンラインプレゼンですので、情報を伝えることだけにするのではなく、参加者とコミュニケーションを取ることも意識しなければなりません。

第2章

オンライン時代に多くの方が苦戦している“売れない”という現象

オンラインとオフラインではコミュニケーションの質が違う

オンライン化が加速してから、私の周りでは多くの人が「今までより商品が売れるようになった」と言っています。オンライン化は今後も続いていくため、より多くの人が商品販売のチャンスを得られるようになっていくでしょう。

ですが、反対に**「なかなか売れない……」と悩む人もいるのです。**商品が売れない人はプレゼンの初心者だけではありません。これまでずっとプレゼンを続けてきた人の中にも、「売れない」と悩んでいる人がいるのです。

今までと同じやり方をしているにもかかわらず、オンライン化が進んでから「売れる人」と「売れない人」に分かれるようになりました。両者の違いはどこにあるのでしょうか？「売れる人」と「売れない人」は何が違うのでしょうか？

オンラインで商品を売りにくくなる最大の理由は、「オンラインとオフラインによるコミュ

ニケーションの質の違いを理解していないから」です。両者の特徴は大きく異なりますので、その違いを把握しておかないと、「売れない」という現象に悩まされるでしょう。ここではオンラインとオフラインのコミュニケーションの違いについて解説します。

オフラインの方が参加者は受講への意識がある

オフラインとオンラインの両方でセミナーを経験して分かったことなのですが、参加者の受講に対する意識は、オフラインセミナーの方が高いという特徴があります。オンラインに比べ、オフラインの方が参加者は真面目に話を聞く傾向にあるのです。その理由は、**オンラインよりもオフラインセミナーの方が時間やお金、労力を割く必要があるため。**

第1章の「オンラインプレゼンのメリット」でもお伝えしましたが、オフラインのセミナーの場合、会場へ行くための移動時間や交通費、そして移動するための準備・手間などがかかりますよね。場所が遠ければ遠いほど、電車を乗り換える回数も、かかる時間も増えるでしょう。

加えて一度セミナー会場に入ってしまうと、逃げることができません。オンラインセミナーであれば、接続を切ってしまえばすぐに離脱できますが、実際にセミナー会場へ足を運んでしまっている以上、自分の好きなタイミングで会場から出るのは抵抗があるでしょう。

このようにオフラインでは、会場入りするための手間がかかる点と、セミナーから離脱しにくいという特徴があるので、参加へのハードルは高くなります。

そのため、「少しでも自分のためになることを学ぼう」「役に立つ知識を持って帰ろう」という意識も強くなるのです。たとえ講師やセミナー内容が面白くなくても、せっかく時間やお金をかけて参加したことを最大限に活用し、「最後までセミナーを聞いていこう」という打算も働くのです。

それに対してオンラインセミナーは、会場に向かうための時間やお金もかからなければ、セミナーから離脱する抵抗感も少なくなります。したがってオフラインよりも軽い気持ちで参加できます。**セミナー参加へのハードルが低いことは、オンラインの強みの1つではありますが、その分だけ参加者の受講意識**

も弱くなるので、注意しましょう。「セミナーの内容が自分の役に立たない、面白くない」など判断されると、参加者はオンラインセミナーから退出してしまいますし、講師へ意識は向きません。

また、オンラインセミナーの参加者は、**100%集中できる環境にいない**ことも押さえておきましょう。参加者のほとんどは自宅でセミナーを聞きますが、自宅には周りに気が散るものが多くあるでしょう。「オンラインプレゼンのデメリット」でも解説した通り、参加者は雑音で集中力がよく乱れるのです。例えば近くに置いてある漫画や雑誌、スマホの通知など。子育て世代なら、子どもの寝かし付けをしながら耳だけでセミナー参加する人もいます。オンラインセミナーの参加者は、100%防音の部屋にいるわけではないため、セミナーに集中し続けることは不可能です。そのため参加者の受講への意識は、余計に弱くなりがちであると言えます。

オンラインセミナーを主催する側は、「参加者の意識がこちらに向いていないことの方が多い」ということを、よく理解しておく必要があります。

オンラインで参加者が話に集中しているか確認する方法

オンラインセミナーの参加者は、あまり真剣に話を聞いていないことを解説しました。オフラインのセミナーであれば、会場の中を大きく移動したり、他の参加者と関わるようなセミナーの設計にしたりすることで、参加者の意識をセミナーに向けさせることが可能ですが、オンラインでは同じことができません。

オンラインで参加者がこちらの話に集中しているかどうかを見極める方法は、「オンラインで相手が見ている位置を確認すること」です。相手がずっと同じところを見ていれば、こちらの話に集中していると分かりますが、見ているところが変化すれば、相手の集中力が切れたと判断できるのです。

ＺｏｏｍやＧｏｏｇｌｅ Ｍｅｅｔを利用したことのある人なら分かると思いますが、オンラインでは互いに目を合わせることができません。こちらが相手に目を合わせようとする場合、カメラを見る必要がありますが、カメラを見てしまうと画面上の相手の目を見られないですよね。オンライン上ではアイコンタクトを取れないので、ずっとカメラを見ている必要はありません。その代わりに相手の目を見て、相手がどこを見ているのかを確認しましょう。

私がオンラインで人と会話する際、初めにやることは「相手が常に見ている場所を確認すること」です。例えば、カメラを常に見たり、こちらの顔を見ながらやったりといったように、視線には定位置があります。その定位置が、相手の集中時に見ている場所です。そこを見極められれば、相手がこちらの話に意識を向けているのかどうかを判断できるようになります。

オンラインで参加者の意識をこちらに向けさせるための具体的なテクニックは、第7章の「5　ボディランゲージ・画面の動き・音でお客様の集中力を上げる」のところで詳しく解説しているので、参考にしてください。

○ 集中しているときは
ずっと同じ所を見る

× 集中力が切れると
別の所に視線が移る

オンラインの場合はセミナー技術が低くても構わない

オンラインセミナーの場合は、セミナー技術が低くても問題はありません。なぜなら、**オンラインセミナーではオフラインと比べて、できることが限られているから**です。

オフラインセミナーの場合、講師の一挙手一投足がすべて見られます。講師と参加者が直接対面しているため、講師のボディランゲージや目線、会場内での動きは、講師の意図や感情を参加者に伝えるための重要な手段になるのです。だからオフラインセミナーでは、気を付けるべき点が数多くあります。

しかしオンラインセミナーでは、そこまで気を遣う必要がありません。カメラ越しでは、講師の体全体を映しにくいですし、講師の目線も使用するパソコンの画面に限られるので、参加者に向けた視線に注意する必要もなくなります。また、実際の会場でセミナーを開くわけでもないので、講師が会場内での動きを気にする必要もありません。

これまでセミナーを開催してきた人の中には、「ボディランゲージや目線などが苦手」という人も多くいるでしょう。**ところがオンラインになれば、オフラインより必要なスキルは少ないので、オフラインセミナーが苦手だった人でもオンラインで成功できる可能性があるのです。**

もちろんオンラインでセミナーを開く場合も、話の構成だけは注意して作らなくてはなりません。構成が重要である点は、オフラインでもオンラインでも同じですので、事前準備を怠らずにセミナーを開催しましょう。

オンラインプレゼンで「売れない」人の特徴

オンラインセミナーはオフラインよりも難易度が低めであることを解説しました。しかし、それでもオフラインでなかなか物を売れなくて悩んでいる人はいます。

「なかなか売れない……」と悩む人に共通しているのは、**「参加者の感情を揺さぶることができていない」**という点にあります。一流のトーク術を身に付けるには、まず参加者の感情を動かせるようにならなければなりません。ここでは、オンラインセミナーで売れない人の特徴を解説します。

❶固くなりすぎる

オンラインプレゼンでは固くなりすぎないようにしましょう。固さを出してしまうと、参加者に対して距離感を生じさせ、コミュニケーションが取りにくくなります。また、セミナーのテンポ自体がスムーズにならず、退屈な印象を与える可能性もあります。

たしかにセミナー参加者の多くが新規のお客様であり、どんな人かも分からないので、身構えたくなるでしょう。新規のお客様が相手だと、どうしても話を難しくしてしまったり、距離感のあるコミュニケーションを取ってしまったりしがちです。

しかしオンラインだからこそ、**固くなりすぎずにフランクさを出し、「崩す」ことが重要になります。**セミナーの雰囲気を崩すことができれば、互いに距離を縮められるきっかけになり、参加者の意識をセミナーに向けさせやすくもなるでしょう。

フランクさを出す方法にはいくつかありますが、おすすめの方法は「**自然な話し方を心がけること**」です。オンラインセミナーでは、自分が話していることに集中してもらう必要があるので、なるべく自然な話し方を心がければ、参加者も話を聞きやすくなります。重要なのは「固くなりすぎないこと」ですので、最初は「自分の自然な言葉で話すこと」を意識してみましょう。

❷資料を作り込んでいる

プレゼンでは資料を作り込みすぎないようにすることをおすすめします。このようにお伝えすると、もしかしたら「セミナー資料はちゃんと作った方がいいに決まってるじゃないか」と感じる人もいるかもしれませんが、**セミナーで重要なのは「情報を提供すること」ではなく、「参加者の感情を揺さぶること」です。**

作り込みすぎたプレゼン資料を見せると、参加者側に「広告的である」と感じさせる恐れがあり、参加者の心に話が響きにくくなってしまいます。

例えばあなたがオンラインセミナーに参加したとしま

しょう。画面越しにスーツを着たセミナー主催者が現れ、文字や統計データで埋められているパワポを共有されながら、主催者の会社紹介をされたとすると、きっとあなたは「あぁ、会社の宣伝が始まった」「情報がたくさん出てきそう」と感じるでしょう。

人々は一般的に、広告を嫌います。特にネット広告にかけられる費用は年々増えているため、人々が日常で強制的に見せられる広告の量も増えています。そのような中で、オンラインセミナーに対して「広告的である」と認識されると、それだけで商品を売りにくくなる恐れがあるのです。

一流のプレゼンに必要なことは、「ただ情報を伝えること」ではなく、「コミュニケーションによって参加者の感情を揺さぶること」です。情報であふれた資料にならないよう、ご注意ください。

❸話の質が高すぎる

オンラインセミナーでは、話の質を落とさなくてはなりません。オンラインプレゼンのデメリットでもお伝えした通り、オンラインの場合、話の質が高すぎると参加者は理解するのが難しくなり、セミナーから離脱したり聞き流したりする傾向にあります。注意する点は、次の通りです。

・高度な技術や専門用語などは使用しない
・参加者の理解度を確認する
・理解しやすいようにイラストや写真、図解などを用いる

1つ目は、**専門的な話にならないようにすること。**話を難しくしてしまうと、聞いている人たちは理解することができず、セミナーから離れてしまう可能性がありますので、簡単な言葉で分かりやすく説明します。

2つ目は**参加者がどのくらい理解しているかを確認する**こと。事前に「このセミナーはこのような方におすすめです」といったように、対象者を明記してスクリーニングしておいたり、セミナー開催中に参加者に対して質問がない

かどうかを投げかけたりすると良いでしょう。
3つ目は**セミナー内容を分かりやすくするために、イラストや写真、図解などを用いて説明すること。**話の理解が進めば、その分だけ必要なことを伝えやすくなりますし、コミュニケーションも取りやすくなります。

❹話の速度が遅い

丁寧に解説しすぎると、話の速度が遅くなってしまう点に注意しましょう。速度が落ちれば、その分だけセミナー参加者へ投げかける言葉も、伝えられることも少なくなりますし、感情を揺さぶりにくくなってしまいます。したがって適度な速度で話をしなくてはなりません。

例えば、**アナウンサーは1分間に300文字程度のスピードで話すことを求められています。**1分300文字程度の話は、人が最も聞き取りやすいスピードであり、情報を受け取るには適しているスピードであると言えます。しかし、このスピードを意識すると、セミナー講師は情報を与えることだけにフォーカスしてしまい、参加者の感情を揺さぶることを忘れてしまいがちになる恐れがあるのです。

特にオンラインプレゼンの場合、参加者が言語情報を聞いていないケースは多いため、一方的な情報提供をするだけのプレゼンにはならないよう、注意しなくてはなりません。話すスピードは最終的に1分間で360から380文字程度にし、なおかつ参加者が理解しやすいトークになるように練習しましょう。

❺感情を出すのが苦手

感情を出すのが苦手な場合も、オンラインセミナーでは失敗しやすいと言えます。なぜなら、主催者が感情を出さなければ、セミナー参加者の感情を揺さぶることができないためです。

例えば、目の前で話している人から無表情で「私は今怒っています。とてもキレています」と言葉だけで伝えられても、伝えられた側は相手がどれほど怒っているのか分からないですよね。その理由は、「言葉を発した人の感情がイメージできないため」です。

人は他人の感情を判断するために、声のトーンや抑揚、ボディランゲージを見ています。怒っている人の事例でいえば、「眉をひそめている」「机をたたき始めた」「声が大きくなってきて

いる」などの様子を見れば、その人が怒っていると想像できるでしょう。だから**オンラインセミナーでは言語情報だけでなく、ボディランゲージや声のトーン、抑揚などから情報を伝えることが重要**になります。

コミュニケーションで相手の心を最も揺さぶるのは、感情をぶつけられたときです。そのため、オンラインセミナーは情緒豊かな人の方が適していると言えるでしょう。感情を出すのが苦手な人は、まずは日常生活でストレートに感情を出し、伝える努力をすることが大切です。

第3章

即決型オンラインプレゼンテーションがあらゆるWebマーケティングの中で最も売れる理由

即決型オンラインプレゼンとは？

即決型オンラインプレゼンとは、その名の通り「プレゼンに来た人にサービス購入を即決させることができるプレゼン」のことです。即決させるにはストーリー・構成作りが何よりも重要になります。例えば即決型プレゼンでは、主に次のようなことをお客様に伝えていきます。

- **この後に販売する商品を用意して、先に伝える**
- **その商品を購入した後の素晴らしい未来を見せる**
- **商品を買わない状態で生じる問題点や原因を自覚させる**
- **どうすれば問題が解決できるのかを示す**
- **相手が商品を買わない理由をすべて潰す**

具体的なストーリー・構成作りについては次の第4章「即決型オンラインプレゼンテーションを作る4つのステップ」からお伝えしていきます。この章では、なぜ即決型オンラインプレゼンがマーケティングで最も効果が出やすいのかを解説します。

そもそもプレゼンの目的とは？

「プレゼンは何のためにやるべきなの？」という疑問を持つ人もいるかもしれません。本書ではビジネスにプレゼンを活用する話をメインにしているため、「モノやサービスを売ること」以外に使い道がないと考えている人もいるのではないでしょうか。

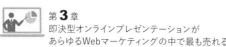

しかしプレゼンはどんなことに利用しても問題なく、**目的はあなたが自由に決めて構いません。**セミナーは、あくまでもマーケティング手法の1つです。人を集め、商品を売るために使用しますが、利用目的はそれに限りません。

例えば、特定の分野に関する知識やスキルを学ぶための目的で開催されるケースもあります。専門的なトピックについて、専門家や業界のリーダーが講演するようなセミナーでは、参加者は専門知識を活用した問題解決方法や、業界のトレンドについて学べます。

【プレゼンにはさまざまな用途がある】

・オンラインでモノを売るためのプレゼン
・AIの最新トレンドに関するプレゼン
・企業が求める人材を集めるためのプレゼン
・ベンチャーキャピタルに対して自分のビジネスを伝えるプレゼン

他には採用でもセミナーを活用できます。特に、採用担当者や人事担当者のスキルアップを目的とした人事セミナーや、新卒・中途採用に関するセミナーなどが挙げられるでしょう。これらのセミナーは、

採用に必要なスキルや知識・トレンド・注意点などを知る機会になります。具体的には、面接相手との対応方法や、選考技法などを学び、企業内で採用手法やスキルを向上させられるでしょう。

ビジネスや人事以外ですと、資金調達においてもセミナーは活用できます。起業家やスタートアップ企業などは銀行やベンチャーキャピタル、クラウドファンディング、IPOなどで資金を集めますが、その際にも、うまく相手に事業内容や想いを伝えなくてはなりません。

このようにプレゼンの目的は自由であり、さまざまな分野で活用できます。実際に私は人事で人を集めるための採用セミナー、資金調達のセミナー、講座のセミナーなどを開催してきましたし、少し変わったテーマですと、島を売るためのセミナーも開催した経験があります。

最高の擬似体験を提供する即決オンラインプレゼン

それでは、なぜ即決型オンラインプレゼンがマーケティングにおいて効果的なのでしょうか？　その理由は、**セミナーの参加者に「疑似体験」を提供でき、体験を通して商品購入を促せるため**です。

マーケティングにも流行があり、近年は「**体験型**」を重視する傾向にあります。体験型のマーケティングには、次のようなものがあります。

・企業やブランドのイベント・体験会
・販売店が商品を体験してもらう体験販売会
・モノやサービスを提供する生産工場や施設を見学できる体験ツアー
・ＶＲやＡＲ技術を使用し、異なる場所の雰囲気をリアルに味わえるＶＲ／ＡＲ体験

そして本書で繰り返しお伝えしているオンラインセミナーは、**顧客体験を高めるのに有益です。**

オンライン上でもお客様に対して疑似体験をさせることが可能ですし、チャットボットやLINEなどと比べても、オンラインプレゼンの方が効果が期待できます。

体験を通して、顧客は商品の良さを理解できるので、販売にもつなげやすくなります。

そのため、オンラインプレゼンは近年のマーケティングでも高い成約率を狙えるのです。

セミナーで主導権を握り、顧客に体験を促す

セミナーにしかない強みとしては、**こちらが話の主導権を握れる**点が挙げられます。顧客は講師の話を「聞きに来ている」ため、講師側がセミナー内で進行をリードすることができます。

一方でWebの記事や動画コンテンツの場合、こちらが提供している情報を、読み手・聞き手が自分のペースで受け取りますので、こちらで主導権を握ることはできません。話の進行やコミュニケーションを取る頻度を自由にコントロールできる点は、セミナーの強みと言えます。

そして主導権を握れれば、話やコミュニケーションのコントロールだけではなく、**講師が顧客に対して行動を促すことも簡単にできます。**

例えば、私がこれまでに受けてきたセミナーの中で最もインパクトが大きかったのは、「**参加者に犬のモノマネをさせる**」というセミナーでした。もちろん、講師側から突然「今から犬になり切って四つん這いで吠えてください」と要求されても、参加者は全員断るでしょう。それでは、なぜそのセミナーでは参加者に犬のモノマネをさせることができたのでしょうか。

その理由は何かしらのきっかけを与えて「**体験することがメリットにつながる**」と参加者に理解させたためです。

すなわち、「犬のモノマネを通して大きな利益を得られる」と参加者が感じれば、四つん這いにさせることもできれば、遠吠えさせることもできます。

ちなみにそのセミナーの主催者のトークは、次のような内容でした。

「成功する人は頭のネジが飛んでいて普通ではない。そして日本人は素晴らしいものを持っているが、自己表現が苦手だと言われている。したがって、自分の殻を破って普通ではないことをするのが成

功につながる」

こうしたトークを聞いた参加者は、「成功のためには殻を破らなくてはならない」というマインドセットがされているため、「殻を破るために犬のモノマネをみんなでやってみましょう」という行動を促しても受け入れてくれるのです。

以上のように、セミナーでは講師側が主導権を握ることが可能であり、顧客に対して体験を促せるのです。

オンラインセミナーでも疑似体験を提供できる

セミナー参加者に体験を促せるのは、オンラインでも同じです。例えば私はオンラインセミナーで、参加者に対して言葉を出させることを意識しています。「私は今なんて言いましたか？」「このような考え方をする人はいますか？」など、何かを質問して参加者が声を出すことを体験させているのです。

参加者に促す体験は、なんでも構いません。「声を出させる」以外ですと、「何かを書かせる」や「手を挙げさせる」など、何か規定のアクションを決めておくと良いでしょう。

こうした体験は何回も繰り返していると、オフラインと同じパワーを発揮しますので、リアルのセミナーと変わらない成約率を出すことができます。

だからオンラインセミナーでも十分に体験型のサービスを提供できるため、Webマーケティングの中でも強力な手法と言えます。

SNS×オンラインプレゼンは相性がいい

オンラインプレゼンを始めようとしている人や、すでに始めている人には、SNSを活用することを強く推奨します。SNSとオンラインプレゼンは相性が良く、販売数をUPさせることに役立ちます。なぜなら**SNSを通して、情報発信とテストマーケティングを同時に実施できる**ためです。

SNSでは、さまざまな人が自分のコンテンツを公開したり、自分のスキル・強みを発信したりできます。こうした情報発信をすれば自分をアピールできますが、どうしても同じような内容を繰り返してしまい、飽きられてしまうという課題が出てきます。

そこでおすすめの方法は、**ターゲット層に対してアンケートを実施すること。**アンケートを取って、ターゲットにどんなニーズがあるのかを知り、そのニーズを満たすサービスを提供すれば、効率的に販売数を上げられるのです。

私がこれまで見てきた中で、**商品販売で失敗しやすい人の特徴は、アンケートを取らずに、すぐに自分のコンテンツや商品を作って売ってしまうこと。**どんなに自分で素晴らしい商品だと感じていても、ターゲットに求められていないサービスは売れません。そのためテストマーケティングが重要になるのです。

例えばＴｗｉｔｔｅｒで筋トレの方法についての情報発信だけをしている人であれば、次のようなアンケートを実施できるでしょう。

「この中で皆さんが興味のある項目はありますか？」

- **筋トレ後に身体を傷めないようにするためのストレッチ方法**
- **プロテインの効果的な飲み方や、効果のない飲み方**
- **カロリー計算におすすめのアプリ**

このようにＳＮＳ上でアンケートを取れば、自分のターゲットが何を求めているのかを把握できます。

そして**ターゲットの求めていることが分かったら、それをテーマにしてオンラインセミナーを実施するのです。**アンケートに答えてくれたターゲットは、あなたのセミナーに参加してくれる確率が上がりますし、セミナーに誘導できれば、サービス購入に誘導もしやすくなります。

ＳＮＳを通してメルマガ案内やＬＰ（ランディングページ）公開・コンテンツ販売などをしている人は多いですが、ＳＮＳをテストマーケティングやセミナーに活用している人は多くありません。収益ＵＰにつなげやすいので、絶対にやってみることをおすすめします。

オンラインサロンもセミナーだと売りやすい

現在はコミュニティ意識が強くなっており、その流れでオンラインサロンがトレンドになっています。インフルエンサーが運営している高額なオンラインサロンから、知名度の低い人が小規模で運営している格安のオンラインサロンまで、種類はさまざまです。

オンラインサロンですが、これも**オンラインセミナー経由の方が売れやすいという特徴があります。**一般的にオンラインサロンはＬＰなどで販売するケースが多いのですが、セミナーの方が成約率が高めです。

ＬＰからのコンバージョンは3%程度なのですが、セミナーはそれよりはるかに高く、コンバージョンは50%以上です。

ＬＰの場合はテキストだけのやり取りになりますし、キャッチコピーやデザインのウケが悪

LP（ランディングページ）とオンラインサロンにおける成約率の差（イメージ）

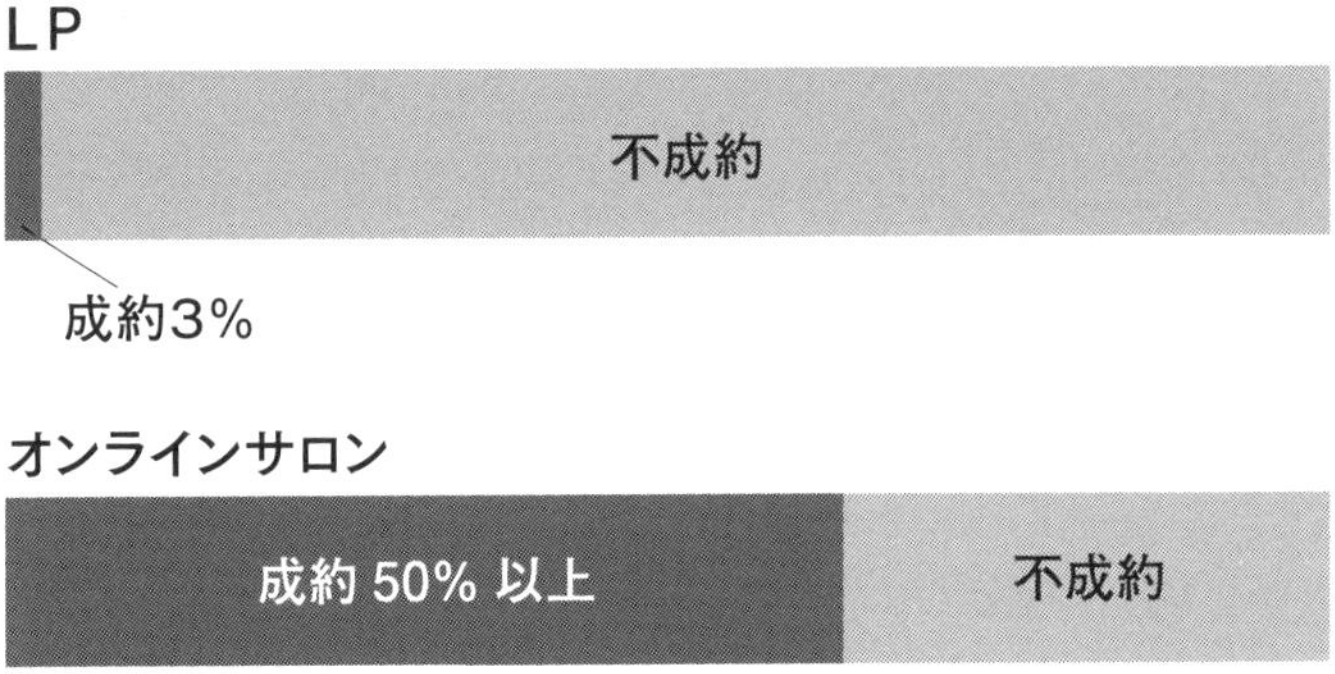

いと、アクセス直後からの離脱率も高くなります。それに対してセミナーでは、顧客と直接コミュニケーションを取れる点が大きな強みになります。

また、セミナーを一度受けてみた顧客は、解約率も低くなります。なぜならセミナーを通して、**参加者に対してサービスに関する教育ができているため**です。セミナーでは、提供するサービスが参加者の役に立つ理由を直接伝えることができます。そのためサービスを購入した参加者は、「なぜ自分がこのサービスを買ったのか」の理由を自覚できています。

それに対してLPを通してサービス販売に至った顧客の場合は、サービスの必要性を十分に伝え切れていない可能性が出てきます。テキスト上でのみの情報伝達ですので、教育が不十分になってしまうのです。

セミナーを通した場合は事前にそうした内容をきちんと伝えられているので、解約率が低めになるのです。

中には「これからオンラインサロンを始めようと思っていたんだけど……」と考えている人もいるかもしれません。そのような人は、オンラインサロンの案内をLPではなくオンラインセミナーで実施するのを強くおすすめします。

即決プレゼンの実践者の実例

それでは、私がお伝えしている即決型オンラインプレゼンを実践し、成果を出した方の実例をご紹介しましょう。

最近では、YouTube系の講座を実施している人が、一度のセミナーで540万円の売上を出しました。元々その人は1回のセミナーで30人を集め、サービス販売数は1件のみでしたので、成約率は約３％だったのです。ところが即決型オンラインプレゼンを実施して、プレゼンのストーリー・構成を作り変えただけで、30人中18件のサービスを売れるようになったのです。成約率は約３％から60％に急上昇しました。

即決型オンラインプレゼンはどのジャンルでも実践可能であり、これまで私がプロデュースしてきた分野は不動産・健康・美容・スピリチュアル・投資・トレーニング・スタートアップなどさまざまです。本書で解説している通りのセミナーを実践すれば、誰でも成約率ＵＰを狙えます。

次の章からは、実際に即決型オンラインプレゼンを作っていく方法を解説しましょう。

第4章

即決型オンラインプレゼンテーションを作る4つのステップ

魅力的な商品設計・販売までのテンプレを公開

第3章では、即決型オンラインプレゼンを通して顧客に疑似体験を提供し、商品販売につなげられることを解説しました。Ｗｅｂマーケティングの手法は世の中に数多く存在しますが、その中でも即決型オンラインプレゼンは最強の手法であると私は考えています。

それでは即決型オンラインプレゼンを実践するにはどうすれば良いのでしょうか？　ここではどんな商品でも即決型オンラインプレゼンに作り変える方法をご紹介します。次のテンプレートに当てはめれば、すぐにでも実践できるようになります。

【即決型オンラインプレゼンを作るテンプレ】

ステップ１・商品の見せ方を変え、リターンがあるようにする

ステップ２・商品の見どころを明確にする

ステップ1

**商品の見せ方を変え、
リターンがあるようにする**

ステップ2

**商品の見どころを
明確にする**

ステップ3

**軸をぶらさずに
売れるテンプレに埋め込む**

ステップ4

誘導・クロージング

ステップ3・軸をぶらさずに売れるテンプレに埋め込む
ステップ4・誘導・クロージング

それぞれのステップについて詳しく見ていきましょう。

ステップ1　商品の見せ方を変え、リターンがあるようにする

オンラインはリアルで実施するよりも感情を揺さぶるのが難しいという特徴があります。そのためオンラインプレゼンテーションでは、オフラインとは見せ方を変えることが大切になります。具体的には、**その商品を購入すれば、どのくらいのリターンがあるのかをお客様に伝えるのです。**

オンラインが流行する前は、体験型の商品が売りやすい傾向にありました。例えば、旅行や

ツアー、料理教室などは体験型の商品です。リアルの体験型コンテンツでは、旅行で見た景色がきれいだった、泊まった旅館の料理が美味しかったなどのように、実際に体験することで、感情を大きく動かせる力があります。

しかしオンラインの画面上では、どれだけきれいな景色でも実際に見たものほどは伝わりません。美味しい料理も同様に、画面越しでは味や匂いは分かりません。したがってオンラインプレゼンテーションでは、オフラインのセミナーで伝えるよりも、感情を動かす力が弱まるのです。

そこでオンラインプレゼンでは、「この商品を利用することで、あなたに大きなリターンがある」といったように商品の見せ方を変えなければなりません。本書では、大きなリターンがあるように紹介する商品を**「投資型商品」**と呼びます。

投資商品とは、一般的に債権や株式などに投資して運用する商品のことですが、本書で取り上げる「投資型商品」とは、購入することによって何かしらのリターンがある商品のことを指します。オンラインでは感情を揺らしづらいため、具体的なメリットを示す必要があります。

例えば、仮に私のYouTubeチャンネル「しゃべくり社長」を1億円で売るとします。しゃべくり社長のチャンネルを購入した人は、チャンネル登録者2・8万人（2023年1月31日現在）にアプローチできます。次の流れでチャンネルをマネタイズすると、1本プロモーションをした場合、例え不調だった場合でも1000万円、通常なら4000万円の売上が手に入ります。

〈チャンネルのマネタイズの流れ〉

・チャンネルを見てLINEに登録

▼

・LINEでシークレットセミナーの告知

▼

・コラボセミナーで収益を得る

月平均2500万円と考えると、年間3億円の売上です。この売上がチャンネルを購入した時、お客様が獲得する投資リターンです。購入した場合の投資リターンを、お客様にしっかり理解してもらう必要があります。すべてのオンラインプレゼンで売る商品は、投資型商品であるべきです。オンラインとオフラインを一緒に考えて感情にフォーカスしてしまうと、オンラインプレゼンは上手くいきません。

すべての商品を投資型に変える

感情に訴えかけるために大切なのは、すべての商品を投資型に変えることです。投資型商品というのは、**「投資したお金に対してそれ以上のリターンが返ってくる性質の商品」**のことです。例えば、100万円の商品を購入したら、150万円の利益になって返ってくる商品が該当します。ただし、返ってくるリターンはお金だけに限りません。お金を増やすだけではなく、節約もリターンとして挙げられます。「エアコンを買い換えたら年間3万円の節約になった」というのもリターンです。

節約に加えて、時間と労力もリターンの1つと言えるでしょう。時間のリターンは、例えば食器洗い機を買うことで、1日30分の食器洗いの労力がカットされて、年間180時間の作業時間を削減できることが挙げられます。食器洗いに使っていた労力を別の作業に当てられることも、労力の点で見たリターンです。

ビジネスのケースでもリターンを考えてみます。自社において、自分たちだけで、ある作業をやろうとしたら100時間かかる場合を考えてみましょう。その際にあるサービスで得られるスキルを身に付ければ、100時間かかる作業が50時間に短縮できるとします。つまり、時間のリターンでは50時間が得られるのです。削減できた50時間は別の労働に当てることができるので、労力の面でもリターンがあります。

オンラインプレゼンテーションは、直接リアルで確かめるよりも情報量が少なく、感情に訴えかける力が十分にありません。だからこそ、どのくらいのリターンがあるのかをお客様に伝えることが大切です。**「この商品を購入することで、どのくらいのリターンがあるのか」**をしっかりと伝える必要があります。

お客様に見せるべき3つの投資リターン

商品への投資リターンの例として、お金と時間と労力の3つをお客様に提示しましょう。例を挙げると、次の内容です。

- **お金がいかに節約できるのか**
- **お金がどれほど増えるのか**
- **時間がどれくらい短縮できるのか**
- **労力がどれくらい削減されるのか**

「こういうリターンがある」と回収モデルを最後にお客様へ見せることが、オンラインプレゼンでは重要です。チャンネル売却の例でいうと、ＹｏｕＴｕｂｅのチャンネルを1億円で売る時、お客様に提示する投資リターンは次のような内容になります。

●いかに時間と労力が削減されるのか

「そもそも集客ができないというのは、リストの薄さが問題です」

「しかし、ゼロからスタートして熱量が高いリストを獲得しようとすると、2〜3年は地道に発信するなど時間と労力がかかります」

●いかにお金が増えるのか

「しかし、このチャンネルを買うと約3万人の厚いリストが手に入り、4ヶ月の売上で購入額の1億円は回収できます。さらに、1年でプラス2億円のリターンがあります」

オフラインはその場の雰囲気を感じられるので熱量がそこまで高くないお客様にも購入してもらえますが、オンラインの場合そうはいきません。投資することによるリターンを、お金・時間・労力でしっかり提示しましょう。

ステップ2　商品の見どころを明確にする

オンラインプレゼンテーションでは、**お客様が得られる「究極の未来」**を見どころとして明確にしましょう。

オンラインプレゼンはリアルで実施する場合と比べて、情報の質が下がります。実際に見るよりも情報が伝わらず、感情に訴えかける力も弱まってしまうためです。そのため、オンラインセミナーのコンセプトとして、一番際立たせること、見どころは何かをはっきりさせる必要があります。

映画を作るような感覚で考えるとイメージしやすくなるでしょう。どこに見どころを持ってくるのかを考えてみるのと同じです。映画本編では、主人公が試練にあって、一度挫折したものの、新しい仲間が登場し、もう一度奮起して問題が解決する、といった内容だとします。その予告編ではストーリーをすべて入れるのではなく、印象的なシーンだけを選び、ダイジェストで分かりやすく、見ている人を刺激するように編集しています。映画の予告編のように、感情面に強く訴えかけられるよう見どころを作ることを意識してください。

オンラインプレゼンテーションの場合は、どんなことができるか、具体的な見どころを論理的に伝えることが大切です。**プレゼンを聞いたお客様の未来が、そのサービスの利用を通してどれほど素晴らしくなるか**を伝えます。

とはいえ、「実際にどんなことを意識するべきかイメージできない」という人も多いのではないでしょうか。具体例として、オンライン秘書のサービスを販売する場合で考えてみましょう。オンライン秘書のサービスにはどんな見どころがあるでしょうか。

思いつく限りをメモしてみましょう。

オンライン秘書の見どころは？

•

•

•

•

•

•

•

•

•

•

見どころはリストアップできましたか？　多くの人は、「取引先とのアポイントを代わりに取ってくれる」「スケジュールの管理をしてくれる」「見積書や請求書を作って送信してくれる」などのように考えたのではないでしょうか。

ただ残念ながら、このような見どころを設定してもうまくいきません。**考えるべきことは、オンライン秘書を導入して得られる究極の未来**です。代わりにアポイントを取ったり、スケジュール管理をしたりすることは、究極の未来とは言い難いでしょう。

もし私がオンライン秘書サービスで見どころを設定するとしたら、「**社長の時給**」とします。具体的には、「**オンライン秘書を導入することで、社長の時給は10万円上がりますよ**」「**オンライン秘書を導入しないことで、社長の時給は下がりますよ**」ということを伝えます。

見どころである「究極の未来」を設定する際のポイントは、連想ゲームのように物事を考え、伝えるべきことを整理してみることです。例えば、社長がやってしまいがちな、無駄な業務や効率化できる業務をリストアップしてみるのもその1つです。具体的な内容として、「ミーティングの日程調整のために、従業員とやりとりする」「会食のためのお店を調べて、予約する」という手間が挙げられるでしょう。

「オンライン秘書の導入によって、無駄な業務に時間を割く必要がなくなれば、時間を別のもっと重要な業務に割けるようになりますよ」

「よりクリエイティブな要素である、商品開発・マーケティング戦略の立案などに時間を使えるようになりますよ」

「そうなれば、会社全体の売上が上がり、社長の時給も上がっていきます」


このようなイメージで、究極の未来を連想し、伝えていくことがポイントです。連想して出てきた要素の中でも、核となる部分をセミナーのときに作っていきます。

反対に核となる部分を出さずに、セミナーを開催してしまうと、「オンライン秘書のメリットとは」というテーマで話をしてしまいがちです。それでは他のセミナーとの違いがなくなり、「どこかで聞いたことがあるよね」という話になってしまいます。その結果、参加者が魅力を感じられないセミナーになってしまうでしょう。

「社長の時給が上がる」ということをベースに話を進めることで、競合他社にはない視点で話ができ、「他のオンライン秘書サービスとは違う」ということを感じてもらいやすくなります。**「見どころ」を作るときには、他のセミナーとの「差別化」を図って、お客様が今まで聞**

いたことがない内容のセミナーを作ることが重要です。

今やっていることは変えずに、見せ方を変える

ここまで読んだ人の中には、「他と差別化を図るためには、今扱っている商品そのものを変えないといけないのでは」と考えている人もいるかもしれません。しかし、今やっていることや商品そのものを変えなくても、大丈夫です。**変えるべきものは、商品そのものではなく商品の見せ方**です。具体的には、今ある商品を別の側面で見直して、別の魅力を考えてみる必要があります。

オンライン秘書の例であれば、「オンライン秘書は、社長の業務負担を減らしてくれます」ではなく、「社長の時給を上げられる」ということに焦点を当てました。見せ方を「オンライン秘書」ではなく、「社長の時給を上げられるサービス」に変えることで、別の類似サービスとの差別化が図れれば、他の競合他社が入ることのできない独占市場を簡単に作ることができます。

ステップ3　軸をぶらさずに売れるテンプレに埋め込む

リターンが分かりやすいように見せ方を変え、なおかつサービスの軸が明確になったら、他の商品との差別化ができるようになります。その次は定めた軸からズレないように、売るためのテンプレートに落とし込みましょう。これは私がよく言うシナリオの部分に該当します。売れるテンプレートとは、以下のような形です。

【売れるシナリオのテンプレ】

- **未来**
- **問題・原因**
- **解決**

このテンプレートに沿って具体化していくことで、自然と売れるプレゼンテーションになります。

それでは、オンライン秘書の事例でこのテンプレートを埋めてみましょう。オンライン秘書サービスで得られる「未来」とは、「社長の時給を上げること」です。先ほどのテンプレートに当てはめると以下のような流れになります。

・未来：社長の時給を上げる。時給が10倍、100倍になる
・問題・原因：〇〇という問題があるから、理想の未来が実現しない
・解決：オンライン秘書の導入で解決

テンプレで記載した内容について、それぞれ詳しく見ていきましょう。

オンライン秘書の「未来」

先ほどお伝えした「究極の未来」で定めた通り、「社長の時給が10倍もしくは100倍に上がったら、めちゃくちゃ良くないですか？」と問いかけます。ここで提示する未来の内容は「**実**

現したら、最高にいい！」とお客様に思ってもらえることがポイントです。

オンライン秘書の「問題・原因」

「社長の時給が10倍もしくは100倍に上がる」という究極の未来は、実際には実現していないことがほとんどのはずです。そこで**「なぜその究極の未来というのが手に入れられないのか」という問題点や原因を提示**しましょう。

例えば社長は本来、売上を上げる動きや商品開発、そしてマーケティングなどに時間をかけられれば、収益の向上につながります。しかし、実際にはそれ以外にやるべきことがたくさんあり、そこに十分な時間がかけられません。その結果、社長の時給アップができなくなってしまうのです。そうなっている要因として考えられるものが、売上に関係ないものの、社長がやらなければいけないと思っている業務が挙げられます。それをここで全部書き出しましょう。朝礼やちょっとした打ち合わせ、取引先との日程調整などなど、たくさん挙げることが大切です。

やらなければいけない業務をピックアップできたら、オンラインプレゼンテーションの際には、これらの事例を具体的に列挙して、「売上に関係ないけど社長がやるべき業務も大事だ、と思っていませんか？」と問いかけてみましょう。ここで社長たちから合意が得られることが大切です。

続けて「**あなたは大事だと思っているかもしれませんが、実際には全部不要です**」と言うと、「**なぜそうなるのか詳しく知りたい！**」という心理が働き、社長たちの関心を引きつけられるでしょう。

ここで、うまくいっていない原因は何なのか提示しましょう。なぜ社長の多くがこのような業務をよしとしてやっているのか、どのような環境の要因があるのかを解説します。この時のポイントは「**あなたのせいではない**」ということを伝えつつ、「**環境や状況などに問題がある**」と説明することです。原因が複数ある場合には、それをできるだけリストアップしましょう。

オンライン秘書の「解決」

「原因を理解できてそれを解決すれば、社長の時給は上がります」と伝えたら、最後に解決策を提示します。

その後は同じように「未来→問題・原因→解決」のサイクルを繰り返しましょう。

この繰り返しを続けることで、人の感情は揺さぶられます。「言っていることは分かる」けど、うまく実践できる自信がない」という人は次のような形で話を展開してみましょう

1・未来：あなたが手に入れられる「究極の未来」は〇〇です
2・問題・原因：今のあなたが「究極の未来」を実現できない問題は〇〇であり、この問題が生じる原因は〇〇です
3・解決：解決策は〇〇です
4・1に戻り、再度順番に「未来」「問題・原因」「解決」を伝えていく

初めのうちはセミナー時にこのテンプレートをホワイトボードに書いておくこともおすすめ

【すべてのサイクルで気付きを与える】

未来

実はあなたの力なら
ここまで実現できる

問題・原因

あなたが正義と思っている
ことは、実は間違っている。
（間違っているのはあなた
のせいではない！）

解決

その問題を解決する
方法はコレ

です。目に見える形で書いていれば、テンプレートからズレるような心配はなくなります。

究極の未来はどんな商品でも見せられる

オンラインプレゼンテーションは投資型商品であるべき、という話をこの章の最初にしました。投資型商品という性質がある以上、リターンである究極の未来は大きければ大きいほど良いです。

ここまで読んだ人の中には「私の商品では、そこまで大きな未来は見せられない」と思っている人もいるでしょう。ですが、そう感じていたとしても、商品に問題があるのではありません。**商品によって得られる究極の未来は商品の内容とほぼ関係がなく、大事なことは気づきのきっかけを与えてあげることにあります。**それをお客様に与えることがオンラインセミナー講師の重要な役目です。

最初の未来は小さくてもよいので、スキルとして手に入れたら、「次はどんなことができるか」ということを連想ゲームで掘り下げましょう。連想ゲームを繰り返して、未来を掘り下げていけば、自然とリターンは大きくなります。

「未来が見せられない」と思っていても、連想ゲームで商品を通して見せられる未来をどんどん深掘りしていくことで、リターンを大きくすることができます。

例えば「月に5万円のお金を作るセミナー」があった場合を考えてみます。セミナーを受けた理想の結果として、月5万円のお金を作るところを想像させます。セミナーで得られるスキルは物販でも、プログラミングでも、小物作りでもなんでも構いません。

いずれの場合でも、「月5万円を確実に稼げるスキルが身に付くこと」という結果は、得られる未来としては、たしかに弱いですよね。そこで**この未来を得ることで、次に得られるであろう未来を深掘り**します。

初めの未来：「月5万円を確実に稼げるスキルが身に付く」
2番目の未来：「5万円を作るスキルが手に入れば、今度は5万円を勉強代に使って月15万円を稼げるスキルが手に入れられる」
3番目の未来：「月15万円を手に入れられれば、そのうちの一部を外注し、空いた時間を使って月30万円を稼ぐスキルを身に付けるための勉強ができる」

初めの未来：
「月5万円を確実に稼げるスキルが身に付く」

2番目の未来：
「5万円を作るスキルが手に入れば、今度は5万円を勉強代に使って月15万円を稼げるスキルが手に入れられる」

3番目の未来：
「月15万円を手に入れられれば、そのうちの一部を外注し、空いた時間を使って月30万円を稼ぐスキルを身につけるための勉強ができる」

このように深掘りしていきつつ、「これができるようになれば、次はこういうこともできる」と伝えていくわけです。

深掘りしきった後で、最初の一歩として得られる未来が「月5万円を確実に稼げるスキル」だと伝えると、お客様に伝わる未来もより魅力的なものになります。

究極の未来を手に入れる第一歩であれば、最初の一歩が小さいものでもまったく問題ありません。どんな商品でも、連想ゲームをしながら、「未来→問題・原因→解決」というループを繰り返すことで、究極の未来を提供できる商品に仕上がります。

だからこそ、**どんな商品でもオンラインプレゼンテーションで一番最初に話すべきことは、究極の未来です。**

未来を見せることで「ワクワクさせる」ことができれば成功

未来を見せた後でお客様はどんな状態になっているべきか。ワクワクしている状態です。**お客様をワクワクさせることができれば、オンラインプレゼンテーションの成功に大きく近づき**

ます。反対に「ワクワクできる未来」がお客様に伝わっていないのであれば、この時点でプレゼンテーションは失敗です。

そのため、お客様には最初に究極の未来を見せなくてはなりません。究極の未来を手に入れる方法は、繰り返しお伝えしているように**「未来→問題・原因→解決」**のサイクルで説明する必要があります。

「未来→問題・原因→解決」のサイクルで説明した後で、「こんな未来が手に入ったら最高じゃないですか？」と投げかけたときにお客様から「最高です」と言われれば成功です。

だからこそ、オンラインプレゼンテーションでやるべきことは、究極の未来を手に入れる方法を説明することに尽きます。

「分かっているけど解消していない問題」は相手がしらける

究極の未来を説明したら、なぜそれが手に入らないのか問題点を説明しますが、ここで私が気をつけていることは、**「分かっているけど解消していない問題」を取り上げないこと**です。

すでに顕在している問題を列挙しても、お客様からは「たしかにその問題はあります。……それで？」というリアクションになってしまいます。

例えば、「集客できない」というお客様に対して、「あなたが集客できていないのはフォロワーが増えていないからです」「SNSでのリアクションが少ないからです」など列挙して説明しても、「そうだね」としらけた反応しか返ってきません。

なぜこんなにしらけた反応が返ってくるのでしょうか。その大きな理由は、顕在している問題は「分かっているけど解消していない問題」だからです。

肥満で悩んでいる人に対して、「ファーストフードよく食べない？」「お菓子とかよく食べない？」「深夜2時にご飯食べない？」と列挙して、「肥満の原因はそれです」と説明したところで、相手は「それは分かっているけど、やめられない」となってしまいます。

分かりきった問題にどれだけフォーカスを当てても、お客様は魅力を感じません。自分では分かっている問題を説明されても「その通りだけど……」で終わって疎ましく思ってしまいます。次にもつながらないでしょう。

ここで問題提起するべきなのは、「相手が正しいと思っていること」です。

ビジネスでいえば、「売上を上げるためにはこうすべき」と思っていることを「それが問題です」と指摘できれば、相手の興味を引くことができます。例えば自営業の方であれば、次のような事柄を「正しい」と考えているケースが多いでしょう。

【自営業の人が正しいと思いがちなこと】
「顧客リストを作らなければいけない」
「フォロワー数を増やさなければいけない」
「高単価で売らなければいけない」

相手が正しいと思っていることであれば、「あなたはこんなことをやっていませんか?」と問いかけたときに「たしかにそうしてる!」と同調してもらえるはずです。正義だと思っているものを列挙すると、お客様からの共感を集めやすくなります。**そして、「うんうん」となっているお客様に対して「実はそのやり方が問題なんです!」と伝えると、相手はすごく驚き、「なんでそれが問題なの?」という疑問を持ってもらえます。**

ステップ4　誘導・クロージング

「その行動をしているのは素晴らしい」なんて散々褒めた後で、「それは間違ってます」と言うと、相手は上げて落とされたことで、とてもギャップを感じます。その後で、なぜ間違っているのか原因を伝えましょう。例えば、以下のようなイメージです。

「業界ではみんなが普通にやっていることで、当たり前のようにやってしまっていますよね。だから、あなたが悪いわけではありませんが、こういう原因があって、この問題が起こっています。それを解決することで、最初に説明した究極の未来が手に入るんだとしたらワクワクしてきませんか？」

原因を伝えた後で「解決策に興味が出てきますよね。それにはこんな方法があります」と提案します。このように、相手が正義と感じていることが問題の根底にあると説明すれば、お客様は最後までこちらの話に興味を持つのです。

問題提起で大事なのは、「気づいていない問題に気づかせること」

「問題提起をしなさい」と言うと、みんなが問題だと思っている当たり前のことを提示してしまいがちです。ですが、ここで大事なのは**「気づいていない問題に気づかせること」**です。繰り返しになりますが、セミナーの役割はお客様に気づきのきっかけを与えることです。具体的には**「未来→問題・原因→解決」**のサイクルのすべての場面でそれを与える必要があります。

まず未来についていえば、**「自分ではできないと思っていても、実際はここまで実現できるだけのポテンシャルがあるんだよ」**ということを示すことです。お客様に「自分にもできるかもしれない」と思わせられれば、ワクワクする感情が芽生えます。

ワクワクさせることに成功したら、次は問題・原因のプロセスで、**お客様が普段正義だと思って取り組んでいることが、実際には間違っていることを気づかせる**と、「なんでそうなるの？」という疑問が出てくるはずです。

相手の感情を動かすためには、一度の気づきでは不十分で、何度も気づきのきっかけを与えることが大切です。すべてのプロセスでそれを与え続ければ、自然と相手はあなたの商品を欲しいと思うようになります。

だからこそ問題提起ではすでに顕在している問題ではなく、「相手が正義だと思っていること」を提示することが大切です。言い方を変えると、「みんなが問題と思わずにやっていること」で「実際は問題であるもの」を指摘していく必要があります。

注意点は、「相手が正義だと思っていること」を原因とする際に、「間違いの原因はあなたにある」と言ってはいけないことです。「間違えたあなたが悪い」という伝え方をしてしまうと、相手は不快に思い、こちらの話を聞かなくなります。

原因を挙げるときには、お客様とは別の第三者を提示することが大切です。「間違った行動をしているのは、あなたのせいではない」ということを伝える必要があります。**よく挙げられる第三者としては、業界・国・定義・国・常識など、みんなが普通と思っているもの**が主な対象です。「みんなが当たり前だと思っていることが間違っている」「普通のことをやっているから失敗してしまう」ということを説明してあげる必要があります。

オンラインでも、プレゼンテーション直後にそのまま商品を販売することは可能です。ただし、初心者の人や販売できるかどうか不安に思う人にとっては、いきなり販売まで誘導するのは難しいことでもあります。そんな場合に、誘導先をしっかり決めておくとスムーズです。オンラインプレゼンテーション後の誘導手法としては、以下のものがあります。

- **直接販売**
- **個別面談**
- **審査**

それぞれの手法について詳しく見ていきましょう。

直接販売

直接販売は、お客様に直接商品を購入してもらう方法です。オンラインプレゼンテーションの場合、私がおすすめするのは番号を入力してもらうことです。

①購入する
②相談する
③詳しく知りたい

Ｚｏｏｍでのセミナー中に設問を用意し、参加者に記入してもらってクロージングを行います。ただし、直接販売の手法は、かなり難易度が高めです。

この方法については、私が開催している2日間の合宿で指導しているので、詳しく学びたい人は合宿参加をおすすめします。

個別面談

個別面談はセミナー後に希望者に対して、個別の面談を行う手法です。面談はやり方がいくつかあり、大まかには、以下のことを考える必要があります。

・有料か無料か
・面談の名目を何にするか

個別面談はどの名目を使うかによって、お客様の印象が大きく変わります。よくある名目としては、**個別相談・面談・診断**などが挙げられますね。

例えば**個別相談**という名目にする場合、本題とは異なるテーマの相談になるデメリットもあります。クロージングでは「セミナーの商品を購入するかどうか」が主な問題になるはずですが、「お客様の現状」の相談になるケースが多々あります。

お客様の現状についての相談では、「息子が言うことを聞いてくれない」など、日常的なお悩み相談にもなりかねません。相談という名目にする場合には、「商品を購入するかどうかという話のみ受け付けます」ということを伝えることが大切です。

個別面談を実施するのにおすすめな名目は、**「診断」**や**「シミュレーション」**です。診断はみんなが「受けたい」と思う傾向にあり、誘導しやすくなります。

それだけではなく、診断はクロージングに自然とつながる点も魅力でしょう。**「あなたがこの商品を購入した場合、どの程度の成果が期待できるか診断します」という形で診断を実施すれば、コンテンツの使い方の話に誘導できます。**

その結果、「商品を購入すれば成果が出ます」ということと「コンテンツをどう使えばよいか」を自然に伝えられ、購入までの流れがスムーズです。

審査

3つの手法の中で私が一番おすすめしたいものは審査です。

審査は「お客様が購入できるかどうか私が審査します」という強気のメッセージを発信し、

オンラインプレゼンテーションのようなプル型の商品と高い親和性があります。

プル型の商品とは、お客様の方から自発的に行動する商品やサービスです。

この形の商品の場合、良い商品や良いプレゼンテーションができれば、お客様の方から自然に購入したいとアプローチがあります。プル型についての解説は、次の第5章でも詳しく解説しますので参考にしてください。

ただ、「どんな観点で審査をすれば良いか分からない」という人も多いでしょう。

私が審査のときに見ているのは、「バックエンド商品を購入してもらえるかどうか」です。

バックエンド商品とは、お客様が最初に購入するフロントエンド商品を購入した後で、販売する商品です。飲食店でいえば、食後のコーヒーやデザートのようなイメージですが、より高付加価値でより高価なサービスになることが多いでしょう。

ただし、**バックエンド商品の性質によって、審査をすべき場合とそうではない場合がありま す。**例えば、バックエンドの商品が個別コンサルティングの場合で考えてみましょう。個別コンサルティングは、金額が高いことに加え、関わる時間も長くなるため、お客様の判断も慎重になる商品です。そのくらい重い商品だからこそ「個別コンサルティングを受けられるかどうか審査します」と伝えれば、お客様は違和感を持つことなく、納得してもらえるでしょう。大事なことは、**お客様が審査の話を聞いたときに「なぜ審査をするのか」という疑問を感じさせないことです。**

逆に**講座形式の商品の場合には、審査は向いていません。**「講座を受けるのになぜ審査をする必要があるの?」とお客様に感じさせてしまうことが多いためです。もちろん「ブランド力を見せるため」という場合や、「ハードな講座で大変だけど、大きな成果が出せる講座である」ということを見せる場合には、講座型の商品でも審査は選択肢に入ります。ただし、このようなケースは特殊で、講座型の商品では私は審査を設けることはあまりありません。

ですが、個別コンサルティングをバックエンド商品にするのであれば、審査はほぼ必須です。審査をするときには、「バックエンド商品が販売できるかどうか」で誘導方法を考えます。

【誘導・クロージングへの流れ】

セミナー

セミナーでは個別面談・審査に集中

※ここではバックエンドのことは考えない

↓

個別面談・審査

個別面談・審査ではバックエンドの成約に集中

↓

バックエンド

有料と無料どちらが良いか

審査や診断では、無料にするのか有料にするのかというのも悩むポイントです。提供する側の視点でいえば有料にしたいところですが、あくまでお客様目線でどちらがよいかを考える必要があります。有料にするか無料にするかで、どのようなお客様が相談に来るかも変わります。有料は当然ながら、誘導率は下がります。が、無料にすれば、相談数は増えてビジネスチャンスが増えるとも言えます。

結論を言うと、有料なのか無料なのかはあまり重要ではありません。オンラインプレゼンテーションを実施するときに重要なのは、有料か無料かではなく「**オファーしているときに、そこで売る商品以外のことは考えない**」ことです。

個別面談に誘導をかける場合、多くの人がやりがちな失敗は、「この後バックエンド商品を売ろう」と思って誘導をかけてしまうことです。バックエンド商品のことを考えながら、誘導してしまうと、個別面談への訴求力がかなり弱まってしまいます。

まず考えてほしいことは、バックエンドセールスの概念として、「1オファー1商品」であり、その他の商品販売については考えないことです。もし面談をオファーするのであれば、後のバックエンドを売ることを考えず、「個別面談に来るかどうか」だけを考えて作り込むことが大切です。

例えばオンライン秘書のセミナーで、オンライン秘書の契約をゴールにする場合は、サービスへの申し込みをゴールにします。一方で、オンライン秘書の説明会をゴールにするのであれば、サービスの申し込みではなく、説明会への参加をゴールにします。

たしかに個別面談を無料に設定した場合、情報欲しさだけで相談しに来る人はもちろんいるでしょう。ただし、個別面談さえ設定できれば、バックエンド商品のクロージングは後でもできます。そうなれば、**無料か有料かではなく、「どうやったら個別面談に誘導できるか」だけを考えておくことが重要**なことが分かるでしょう。

第5章

洗脳級！
お客様に「買わせてください」と
言わせる即決型プレゼンの仕掛け

相手の行動を変えるには「体験」が必要

結果を出すために最初に意識すべきことは、「何をしゃべるか」ではなく「何を体験させるか」です。しかし残念ながら、セミナー講師の中には「何をしゃべるか」に焦点を当ててしまっている人が、非常に多くいます。例えば「何をしゃべると相手の成果につながるのか」、「何を伝えれば相手のアイデアが変わるのか」などと考えている人が多く見られます。

結果というのは、お客様が何かしら行動・体験して初めて生まれるものです。もし情報だけに意味があるのなら、多くの人は実績・知識の豊富な大学教授の話を真っ先に聞きに行くでしょう。しかし、近所に住んでいる知り合いや、ほんの少し関わった人の一言から行動し、人生が変わることも多くあります。たしかに大学教授の話は専門的で勉強になるかもしれませんが、行動しなければ成果にはつながりません。

ですので、「何を伝えようか」ではなく「どういう体験をさせようか」と考えることが重要です。

話す内容ではなく、体験させる内容を考える

✕ 間違ったセミナー

- 人前で話す方法について解説する
- 投資の方法について解説する
- 言いたいことを分かりやすく伝える方法について解説する

◯ 正しいセミナー

- 声を出すことを体験させる
- 知識が身に付いたことを体験させる
- 自分の話したいことをまとめることを体験させる

正直にいうとセミナー開催にあたって実績は関係ありません。セミナー未経験者でも問題なく、「この行動をすれば結果が出る」と言えればＯＫです。どのような体験をさせるかを考えて、質の高いセミナーを作りましょう。

人は変わらないが、「きっかけ」は作れる

まず大前提として、人は変わりません。例えば馬の合わない上司がいる場合、その人を簡単に変えられるでしょうか。大抵の場合は、他人より自分が変わった方が早いでしょう。**大事なことは、人が変わる「きっかけ」をセミナーの中で与えること**です。

それでは実際どうやってきっかけを与えるのか、具体例を交えてお話しします。例えば集客について教えるセミナーなら、まず今の事業の集客の柱を書いてもらいましょう。その結果、参加者は自分の集客手段の少なさに気づきます。その気づきを与える体験が、きっかけになります。そこで「集客の柱を増やさないとダメですね」と私が言うと、参加者に納得されるわけです。

ですので、**お客様が気づくきっかけとなる体験を何回もセミナーに仕掛ければ、自然にお客様は変わります。「どう体験すれば気づくきっかけを作れるか？」というベースで考えれば、良いセミナーになる**でしょう。

話を聞いてもらうために「メリット」を伝える

オンラインセミナーを作るのに大事なことは、**「この人の話を聞けばメリットがある」と相手に思わせること**です。実績はどうでも良いのです。

例えば、営業成績に悩む20代の会社員を相手に「長生きする方法」を話しても、彼らは聞いてくれないでしょう。一方で、「私の話を聞くとお客様に即決させるセールストークが学べる」と伝えれば、営業社員たちは前のめりで聞いてくれそうですよね。ダイエットに悩む女性ならば「私の話を聞くと、3分で1キロ痩せる方法が分かります」というのも良いでしょう。

人は合理的な生き物です。まず相手に話を聞いてもらうために**「この人の話は自分の役に立つ」と思わせること**が重要になります。

プレゼンは「検討」が当たり前〜成果を出す人がプレゼンで意識していること

プレゼンでは「何を話すか」ではなく「何を体験させるか」が重要であり、変化するためのきっかけ作りが大切だとお伝えしました。しかし、プレゼンを実施しても必ず商品が売れるわけではなく、セミナー参加者は購入を検討するのが一般的です。取り扱う商品が高額であれば、より検討される傾向は強いと言えるでしょう。

それでは、プレゼンで購入を即決させるためにはどうすれば良いのでしょうか。即決につながるために意識するべき点は、次の2つです。

・「今」決めるためのメリットを与える
・「もったいない」心理を利用する

それぞれのポイントについて詳しく解説しましょう。

ポイント❶　「今」決めるためのメリットを与える

即決させるために、今日決めることのメリットをしっかり挙げましょう。例えば、あなたはネットショッピングで素敵なコップを発見したとします。しかし、まだ他の商品も見たかったり、値段が高かったりするとその場で即決するのは難しいでしょう。ですので限定特典や当日限定価格など、今決断するメリットをお客様に与えることが重要です。

ポイント❷　「もったいない」心理を利用する

人はなぜ商品を買うのかというと、「せっかくのチャンスを失いたくない」という気持ちが強いからです。行動経済学では、「損失回避性の法則」と言われていますが、人は心理的に損失を避けようとする傾向があります。

例えば、株式を買って10万円利益が出ると「利益を失いたくない」という心理が働きます。この「失いたくない」という気持ちをいかに引き出すかというのが、即決させるためにとても重要です。

「失いたくない」気持ちを演出する方法は、「やらないともったいない」の状態にお客様をさせることです。

第4章ではテンプレのシナリオに埋め込み、お客様は未来、問題・原因、解決策が分かったわけですが、成果を手に入れるためにはコンテンツがないとダメですよね。そこで「やらないと、もったいないよね」の状態になり、商品を購入します。人は今ある可能性を失いたくないと考えるので、「もったいない」を演出することが大事です。

思わず「今すぐ買いたい！」と思わせるための即決テクニック11点

お客様に即決させるためには、今すぐ決めるためのメリットをセミナー内で伝えることと、すぐに決めないともったいない気持ちにさせることを意識しなければならないと解説しました。

それでは、セミナー参加者に即決させるために、具体的に何をすれば良いのでしょうか？

ここからは即決させるためのテクニックを11点解説しますので、ぜひ日々のセミナーに取り入れてみてください。

① 悪用厳禁！ お客様を洗脳する「EMS」

相手を動かし変化を起こすために重要なのが、変化を起こす段階です。段階には、**EMS（エモーション・メンタル・スピリチュアル）の3つのレベル**があります。Eはエモーション、つまり「感情」です。Mはメンタルであり「価値観」を示します。そしてSはスピリチュアルで

「信念・信条」です。まずEから開始してM、Sとレベルを上げていくと、一種の洗脳状態を作れます。

第4章でお話しした未来・問題・原因・解決を例に取ると、まず問題を気づかせるために感情（E：エモーション）を揺さぶる言葉を相手にぶつけます。例えば次のようなイメージです。

自分：「普段、電車とタクシーどちらを使いますか？」
相手：「タクシーです」
自分：「タクシーを使っていたら、死にますよ？」
相手：「ええ!?」
自分：「電車を日常的に使っている人の平均歩数は、タクシーの人に比べて10倍多い1万歩です。この歩数は厚生労働省が推奨する数字です。電車に乗るだけで、健康な生活が手に入るんですよ」

この会話では「タクシーを使うと死ぬ」など強めの言葉を使って、相手の心に揺さぶりをか

【洗脳力の高いEMS】

Emotion（感情）：強めの言葉で揺さぶれる
Mental（価値観）：体験を通して変化させられる
Spiritual（信念・信条）：同じ体験を繰り返して変化させられる

けます。宗教もEMSと同じように、最初に感情（エモーション）から変えていきます。初めに感情を変える理由は、感情はとても変わりやすいからです。そのため、セミナーの中で思わず相手が自分の話に食いつくように、相手の感情を揺さぶるようにしましょう。

・「体験」を変えれば世界が変わる

E（感情）が変わったら、次はM（価値観）を変えましょう。価値観は言葉ではなく、体験によって変わります。**「今まででできると思っていたことができず、できないと思っていたことができる」という体験が価値観を変えます。**

価値観を変えるのは、感情を揺らすよりも難しい点に注意しましょう。感情は言葉で何度でも揺らせますが、言葉だけで価値観は揺らせません。なぜなら価値観は過去の経験・体験の蓄積なので、すぐには考えを変えられないからです。

どうやって価値観を変えるのかというと、「実際に相手に体験させること」です。体験を通せば価値観は変化していきます。例えば、株式投資で1回失敗した人は「株式投資は危ない」という価値観を持つでしょう。しかし、株式投資で1円でも利益を出す体験をすれば、意見は変わります。経験や体験をすることで価値観はガラリと変わるでしょう。

価値観が変わると、次はS（信念・信条）というスピリチュアルのレベルを変えられます。価値観が変わり、その価値観に沿って行動し続けていくことで信条まで変えることができます。

価値観と信念・信条の違いは「深さ」にあります。すなわち「どれだけその考え方が自分の中に根付いているか」で異なります。例えば私たちは小さい頃から「人に暴力を振るってはいけない」、「人に何かもらったらお礼を言おう」などの考え方を繰り返し伝えられ、それに沿った行動を要求されてきています。こうした一定の行動を繰り返しすり込まれ、求められてきたものは私たちの中に信念・信条となっています。信念・信条は揺らぐことがなく、深く私たちの中に根付いている考え方です。

それに対して価値観は、信念・信条よりも浅く根付いており、行動を繰り返す中で変容する可能性のある考え方になります。先ほどの株式投資の例でいうと、投資で一度でも利益を出せば「株式投資は危ない」という価値観から「株式投資は儲かる」という価値観へと変わります。そして株式投資で利益を何年も出し続けられれば、最終的に「株式投資は儲かる」という考え方は信念・信条となるのです。

・Eを変えることが洗脳への第一歩

売るためには、最低でもE（エモーション）とM（メンタル）を変えましょう。一番良くないのは、何も揺さぶられない状態です。そのため、まずは感情を揺さぶりましょう。もちろんS（信念・信条）まで変えていくのがベストです。

エモーションを変えるためには、まず自分の感情をぶつけて相手の感情を揺らしましょう。そしてメンタルを変えるための体験をお客様にしてもらい、スピリチュアルを変えるための体験をさせ続けます。

このEMSの流れをセミナーで実行すれば余裕で洗脳できるようになり、「今すぐこのサービスを買わないともったいない！」という気持ちを生み出すことも可能ですので、まずは感情を変えるところから始めましょう。

②自然に売れる最高のセールストーク

セールストークに関するテクニックもお伝えします。集客や商品提供をする時は、プル型の営業をしましょう。プル型の営業とは、お客様が興味を持って問い合わせするなど、お客様主導で始まる手法を指します。お客様が興味を持っている状態なので、聞かれたことに答えていくだけで自然に商品は売れるのです。

それに対して、多くの人がやってしまいがちなのはプッシュ型の営業であり、誰からも聞かれていないのに自分の話を始めることです。興味のないことをあなたがいくら話しても、お客様は話を聞いてくれません。

それではプル型の営業をするにはどうすればよいのでしょうか？　仮に合コンの誘いをする

【2つの営業手法】

プル（pull）型：お客様の方から興味を持ち、自発的に情報や商品を求める

プッシュ（push）型：こちらからお客様に対して情報提供・商品購入を促す

↑プル型の営業を目指そう！

として、次のように相手が興味を持って質問をしてきたタイミングで話しましょう。

「最近、恋人と別れたんだけど合コンの予定はない？」

もし相手から問いかけがなくても、これに興味がありますか？とこちらから聞いて、「ある」と相手に言われた場合は話してOKです。

また、**こちらが欲しい言葉をもらうためにお客様を誘導する**のも大事です。セールスの時によく新人がやってしまいがちな間違いは、お客様の回答をコントロールできない質問をすること。例えばセミナーを受けたお客様に「セミナーはどうでしたか?」と聞くのは最悪です。なぜなら、ネガティブな答えが返ってくる可能性があるからです。もちろん「良かったです」と言う人もいますが、「最悪でした」と言う人もいるでしょう。

ポジティブな答えをお客様からもらうためには、良い回答しか出てこない質問をしましょう。

セミナーの感想を聞きたいのであれば、「セミナーの良かったところは、どこですか?」とお客様に聞きます。良かったところをピンポイントに質問すれば、必然的にお客様は良かったところしか答えられなくなります。

いずれにしても大事なことは、こちら側が欲しい言葉を出してもらうために、いかにお客様を誘導するかです。

・日頃の会話から意識してみよう! お客様に興味を持たせるプル型トーク術

自然に売れるトークをマスターするために、日頃の会話においても相手に興味を持たせて質問をさせるように意識しましょう。

また相手が興味を持つ話をしたり、質問されたことに答えたりすると「この人は話が面白い」「この人のところへ行けば、解決する」というイメージを持ってもらえます。

例えば、合コンに相手を誘う場合も「合コンに行こうよ」と、いきなりストレートに誘わないようにしましょう。まずは相手が「出会いがなく、出会いを求めている状態」になっていることを確認し、魅力的な出会いの場があることを話して相手の興味を誘います。そして、相手が興味を持った後に、詳細を教えるわけです。

例えば、このように話を進めます。

自分：「最近女の子と遊んでいる？」
相手：「遊んでいないし、出会いが欲しいなぁ」
自分：「今度、可愛い女の子と一緒に飲み会やるんだ」
相手：「え、いつやるの？」

相手の求めている「出会い」を提供しているだけなので、ただの親切ですよね。商品を売る時も同じです。興味のない商品を無理に売ると、押し売りになります。しかしプル型のトークで相手が興味を持つのを待てば、相手から「買わせてください」と言われます。

また、相手の機会を奪わないためにもプル型のトークは重要です。もしストレートに「女性と飲みに行かない？」とだけ言ってしまうと、スケジュールを相手に調整してもらえないかもしれません。しかし「この飲み会では、あなたの求めている魅力的な女性が来る」と興味を引いておけば、仮に相手に予定があったとしても来てくれる可能性が高まります。

もしプル型のトークの手順を踏まずに誘うと、相手に「理想の女性と出会う」機会を失わせていたかもしれません。相手の機会を奪わないためにも、プル型のトークを練習しておきましょう。

重要なのは、**相手から聞かれた後にあなたが話す**という図式です。聞かれてもいない商品のことをあなたが話すと、相手は興味を失います。常に立ち位置を崩さずに、相手に対する興味づけを行い続けましょう。

③「ワクワクする未来」を作ろう ～お客様をワクワクさせる魔法の言葉「あなたでも〇〇」～

ワクワクする未来を用意すれば、セミナーを聞くメリットも高まりますし、即決されやすくなります。お客様がワクワクする未来を演出するためには、「あなたでもできる」という手順を繰り返しお客様に見せるのが重要です。途方もない未来をいきなり見せても、お客様は理解できません。

例えば、100万円も稼いだことがない人に、1億円稼げると言っても相手は理解できないでしょう。1億円稼げる未来を見せても、お客様は「本当にそんなことができるの？　できたらいいよね」ぐらいにしか考えられません。

お客様をワクワクさせるには、「あなたでもできる」という手順をいかに見せていくかを意識しましょう。この手順を踏めばあなたにも大丈夫というのを、何回も何回も見せることで「できるかもしれない」という気づきを、お客様に与えられます。

例えば、高跳びをやったことがない人にいきなり「2メートルのハードルを跳べ」と言っても、相手はできる気がしないでしょう。そこで、以下のように手順を踏んで説明します。

1・「まずはこの訓練メニューで体力をつけましょう。毎日10分訓練すれば、1ヶ月で1メートル飛べるようになります」
2・「さらに1ヶ月この練習をすれば、記録が飛躍的に伸びます」
3・「最終的にこのコツをマスターすれば、あなたは2メートル以上跳べるようになります」

このように段階的に相手に説明すると、達成できるイメージがわきます。達成できると信じられると、人はワクワクするものです。

【NG】お客様がついていけない未来を話す

ワクワクさせる未来を見せる際は、お客様からかけ離れた未来を話さないように気をつけましょう。お客様からフォーカスがずれて、自分の伝えたいことだけを話すとお客様は置いてきぼりになります。

ダメな例は、「この教材を使えばすぐに1億稼げます」など、現状からかけ離れている未来をお客様に示すことです。他にも、ＹｏｕＴｕｂｅをやったことがない人に対して「ＹｏｕＴ ubeで100万回再生されます!」と伝えてもイメージしにくいでしょう。

大事なことはお客様に寄り添って、手順を踏んで話すことです。もしYouTube未経験者が相手であれば、「まずYouTubeに登録して、このテンプレート通りにサムネイルを作ります。これならできますか? じゃあ、あなたでも大丈夫ですよ。5万回再生は目指せます!」といったように、相手のイメージしやすさを意識します。

このようにお客様を置いてきぼりにせず、簡単なステップで話しましょう。AができればBまでできる、と結びつけの作業をすると、お客様はイメージしやすいです。

・人間の5つの欲求を知れば「ワクワク」は作れる

お客様をワクワクさせる未来を演出するために、人間の本質的な欲求を刺激しましょう。「**マズローの欲求5段階説**」では、人間の欲求は5段階のピラミッドで構成されていると言われています。このピラミッドは下から順に、「生理的欲求」「安全欲求」「社会的欲求」「承認欲求」「自

【マズローの欲求5段階説】

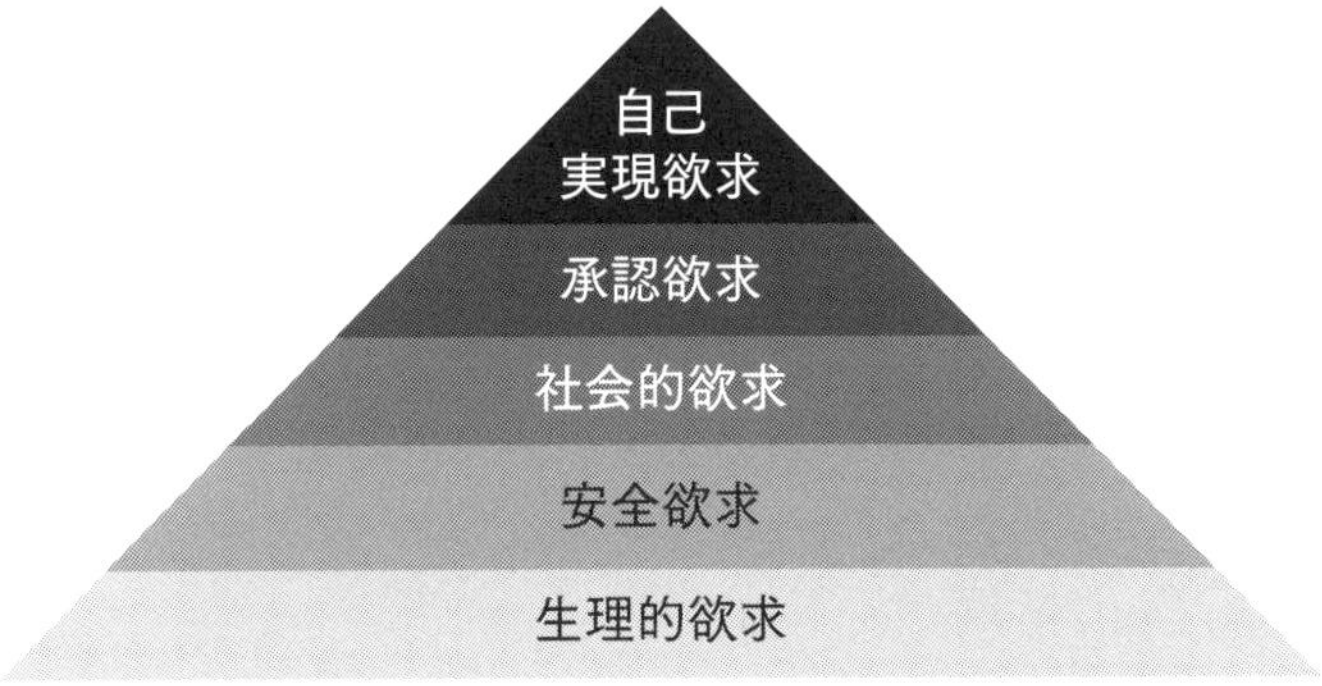

己実現欲求」の5つの階層があります。ピラミッドの下の欲求が満たされると、上の欲求を満たそうと人は行動していきます。

例えば「承認欲求」は他者から認められたり尊敬されたりしたいと思う欲求のことです。

Twitterのフォロワー数やYouTubeのチャンネル登録者数を増やして人から認められたい、などの欲望が承認欲求です。人は承認欲求が満たされると、次は「自己実現欲求」を満たそうと行動するわけです。

商品を売る上で大事なのは、この人間の本質的な欲求をくすぐることです。ですので、**マズローの5段階欲求に沿って、最低5パターンはお客様の欲求を考えた方が良い**でしょう。

例えば「売上を上げたい」というのがお客様の目標の場合、売上が上がると安心して睡眠時間が増える（生理的欲求）、安定した暮らしができる（安全欲求）、社会の一員として認められる（社会的欲求）、人から尊敬される（承認欲求）、なりたい自分になり人生が変わる（自己実現欲求）と下から順に欲求を掘り起こしましょう。セミナーでこの欲求の段階を図にして見せると、よりイメージしやすく、お客様がワクワクする未来を描けます。

④「お客様の声」で強烈ビフォーアフターストーリーを用意する

お客様の声は信頼性を高めるために必要ですが、**商品の使い方をイメージしてもらうのにとても重要**です。もし「速く走る方法」について教える商品を販売する場合、運動の苦手な高校生が運動会で活躍するために購入するケースもあれば、インターハイ経験者がより速く走るために購入するケースも考えられます。

同じ「速く走る方法」を売っても、購入者によって使い方は違います。足が遅い陸上初心者であれば基本的なフォームが重要ですが、経験者の場合はより速く走るためのテクニックを読み込むでしょう。特に無形商品の場合、多くの人は「商品をどう使うのか」を見たがっていま す。もちろんセミナーに対するお客様の声でも良いですが、セミナーの内容をお客様が応用したパターンを用意すると、より強烈なビフォーアフターストーリーができます。

例えばセミナーで説明した考え方を、美容業界にいるお客様がカルテに応用した結果生まれた成果について、掲載するのも良いでしょう。

・お客様の声は参加者の属性に合わせる

お客様自身に属性が近い人の事例を用意しましょう。

属性とは、人が持っている特徴などのことです。市場調査の場合、年齢、性別、居住地、家族構成、職業、収入などの特性データを、属性と呼びます。

先ほどの「速く走る方法」の例でいうと、お客様の属性が「陸上初心者の男子高校生」なのか「40代のインターハイ経験者女性」なのかでは、お客様が気になるポイントも全く違います。

仮に美容業界向けの目標設定セミナーを開く場合は、美容業のお客様の声を掲載しましょう。同じ業界ならではの利用方法が分かると、商品の使い方がよりイメージしやすくなります。セミナーやプレゼンのお客様の属性に合わせた使い方を、ビフォーアフターで見せましょう。

・お客様の声は本名・顔出しで！　登壇も効果的

お客様の声は顔を出してもらって本名で掲載するのが基本です。お客様を登壇させたり、感想動画を流したりするのも効果的です。

例えば、ネットショップの商品レビューでも、アイコン写真がない匿名の人と、顔がはっきりわかるアイコンとフルネームでは、信頼感が違います。匿名で顔写真がないといくらでもウソのレビューを書けるので、「サクラではないか」と疑われることもあります。その点、顔写真を出して本名を名乗るレビューは偽造しづらく、信頼感があります。

【商品レビューで信頼感を高めよう】

さらに効果的な方法は、セミナー時に過去のお客様を登壇させることです。実際に存在しているお客様が目の前に立ち、サービスを利用してどのように変わったのかを話してもらえば、より内容の信頼感は高まります。

⑤ビフォーアフターを数値化させ、セミナーの効果を倍増させる

ビフォーアフターを数値化して、客観的に比較できる状態にしましょう。セミナーでサービスを体験してもらった上で、**よりお客様に効果を感じてもらうには、数字で比較する必要があります。**

例えば走るのが速くなる方法を学んだとしても、タイムを測っていなければ、本当に速くなったのかどうか分かりません。ビフォーとアフターを数値化することで初めて、「タイムが3秒縮まった！」といったような効果を実感できます。たしかにタイムを測らなくても速くなったと感覚で分かることはありますが、数字にすることで商品の効果をより実感できます。

お客様の声も、「前より速く走れるようになりました」と伝えるより「前より3秒も速く走れるようになり、これは平均タイムの〇〇秒を1・5倍上回っています」と伝えた方が客観的な効果は伝わります。

・「このセミナーは効果が高い」そう思わせるズルい質問

セミナーの効果を感じてもらうために、自己評価が変わる体験をしてもらうのも有効です。

例えばマーケティングに関するセミナーの場合、セミナーの前後に以下のように質問します。

「あなたが今行っているマーケティングに点数をつけると、1から10のうち何点ですか？」

セミナーが始まる前は自己評価2点だった人が、セミナー終了後に自己評価5点になっていれば、効果があったと分かります。セミナーの前後で自己評価が変わるという体験をすると、「このセミナーは効果的」という価値観をお客様は持ちます。体験を通してメンタル（価値観）が変わることについては、1つ目のテクニックである「お客様を洗脳するEMS」でも説明しましたが、体験結果を数値化することで、よりセミナーの効果が感じられます。

株式投資の例でいうと、株式投資の危険度についてセミナー前に質問し、セミナー内で利益を出す体験をさせます。セミナー後にお客様自身が評価する危険度が下がっていれば、体験を通して価値観が変わったことが数字で分かります。

このように数値で答えてもらうと、よりセミナーの効果を実感してもらえます。数値化はお客様が効果を実感する上で大切なので、**データはできるだけ積極的に数値化しましょう。**

⑥セミナーの満足度を上げる演出方法

・プレゼントを贈る

セミナーの満足度を上げられれば、購入に対するハードルを下げることを期待できます。私がセミナー満足度を高めるために実践している演出方法は、**プレゼントを贈る**ことです。

お客様に「ここに来て良かった」と思ってもらい、**「返報性の法則」**を利用する上でもサプライズは重要になります。返報性の法則とは、相手から何か受け取った時にお返しをしたいと感じる心理のことです。プレゼントを渡すことでお客様は、プレゼントをもらったからには、講師の話を聞くことでお返しをしたいと考えます。

具体的にどのようなプレゼントを渡すかというと、私の場合よくやるのは限定特典をその場で増やすことです。10万円相当の価値があるプレゼントをすることもあります。プレゼントとしては、次のような種類が考えられます。

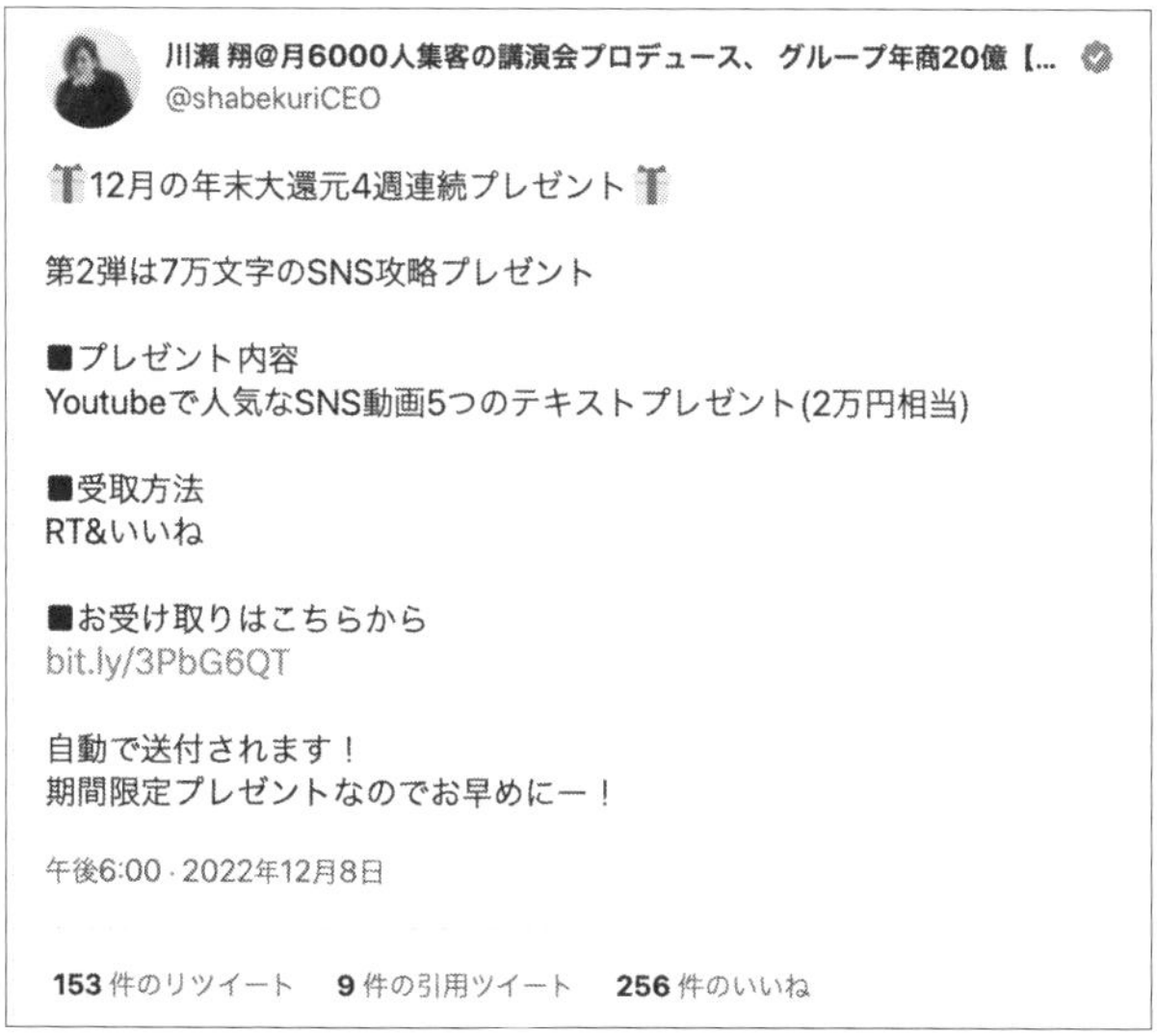
川瀬 翔@月6000人集客の講演会プロデュース、グループ年商20億【...
@shabekuriCEO

12月の年末大還元4週連続プレゼント

第2弾は7万文字のSNS攻略プレゼント

■プレゼント内容
Youtubeで人気なSNS動画5つのテキストプレゼント(2万円相当)

■受取方法
RT&いいね

■お受け取りはこちらから
bit.ly/3PbG6QT

自動で送付されます！
期間限定プレゼントなのでお早めにー！

午後6:00 · 2022年12月8日

153 件のリツイート　9 件の引用ツイート　256 件のいいね

●PDF
●体験会の参加チケット
●セミナーの参加チケット
●個別相談
●教材
●動画

私もセミナー以外ではＴｗｉｔｔｅｒでプレゼント企画をしており、多くの人にリツイート＆いいねをもらっています。プレゼントを贈るという方法はセミナーやＳＮＳなど、他の場面でも活用できるので、ぜひ試してみてください。

プレゼントの種類は他にもいろいろと考え

られますが、お客様にサプライズを演出できるかが重要です。

・サプライズ時は身内からだまそう

よく「敵を欺くにはまず味方から」と言いますが、身内からだますこともサプライズの演出方法として有効です。例えばセミナー中に、あたかも今思いついたように「今日だけの特別なプレゼントがある」と言っても、スタッフが無反応だと「いつもやっているのかな？」とお客様に思われてしまいます。特にリアルのセミナーだとバレやすくなります。

ですのでサプライズをする際は、まずはスタッフからだましましょう。どうやるかというと、例えばスタッフへ事前に連絡せずに「今日限定でプレゼントをつけます」と、お客様に言います。するとスタッフが慌てるので、スタッフの言動を見たお客様も「このプレゼントは、本当に今日だけなんだ」と思われるわけです。

〈身内からだます方法〉

◎セミナー前の打ち合わせ

自分「今日のプレゼントはPDFだけです」
スタッフ「了解です!」

◎セミナー中
自分「本日限定でPDFと次回のセミナーチケットをプレゼントします!」
スタッフ「え?」
お客様「(スタッフが慌てている!)本当に特別なんだ。今日このセミナーに来て良かった!」

サプライズを信じてもらうことで「この場に来て良かった」と思ってもらえますし、セミナーに対する熱量も上がります。セミナーを熱心に聞いてくれると、こちらの仕掛けもより効果的に発動するので良いこと尽くしです。

例えば、なんとなく参加したセミナーで「本日限定で10万円相当のプレゼントを配ります」と言われたら嬉しいですし、セミナーの満足度も上がりますよね。そういったサプライズを演出するために、突然のプレゼントを私はよくやります。

⑦ 商品の価値を高く見せるコツは、価値価格！

景品表示法の問題もあるので、あまり大胆にはできませんが「価値価格を提示する」ことは絶対に大事です。**価値価格とは、「〇〇万円くらいの価値がある」と商品に感じる価格のことです。**価値価格を高くイメージしてもらうと、こちらの商品の価値を感じてもらいやすくなります。

例えば30万円の商品に対してお客様が「この商品は5万円ぐらいだろう」と思われると、売りにくいですよね。しかし、30万円の商品に対して、「120万円ぐらいの価値がありそう」と思われたら、商品の購入につながりやすくなります。

価値価格をいかに高く見せるかは、私が非常に意識しているところです。具体的にどう見せるかというと、次の通りです。

「この講座を他社でやろうと思ったら、100万円くらい予算がかかります。しかし私が提供しているやり方なら30万円で済みます」

「広告を出そうと思ったら、軽く300万円ぐらいはかかりますね。ですが私のマーケティング手法なら100万円で可能です」

サービスや商品に対する価値を高く感じてもらうために、相場感を伝えて伏線を張ります。

具体的な数字で価格を示すと効果的です。

・商品の価値を示すには異業種と比べる!

本当に価値があるものを安く提供すると「買わせてください」と言われます。誰も欲しがらないような商品を高く値付けしても、売ることは不可能です。ですので、**大事なのは価値価格を高く思わせて、本当に価値があると理解してもらうこと**です。

価値価格を高く見積もってもらうためには、異業種の価格を想定してもらうと効果的です。同じ業種だと設定価格はそう変わらないこともありますが、異業種なら大幅に高くなります。

例えば、ＹｏｕＴｕｂｅで集客をする場合は、広告で似たターゲットに絞って集客をする場合と比べて、どの程度コストが変わるかという話を出します。「広告だと軽く2〜300万円かかるところが、ＹｏｕＴｕｂｅの場合はコストがかからない」と言われると、2〜

３００万の価値がありますよね（「集客完全版」についてもＹｏｕＴｕｂｅにＵＰしています。爆発的な集客を生み出す方法をまとめていますので、ぜひご覧ください）。

このように**他業種の例を出して説明すれば、自分の商品やサービスの価値を高めやすくなります。何回も何回もセミナー時に価格の例を出して、お客様にすり込むのです。**この手順を踏んで売りたい商品の金額を出すと、価値価格に対して「安い」と思われます。

まず価値価格でしっかりとお客様を納得させましょう。そこに納得できていないと、実際の商品の価格を出しても安いと感じてもらえません。「この価値価格なら納得」と思わせることが重要です。

⑧　お得感は伝えすぎるくらいがちょうどいい

お客様にお得だと感じてもらいたいなら「お得ですよ」と必ず伝えましょう。当たり前に思えますが、はっきりと言葉に出さなければ人は理解しません。例えば自分の趣味がゴルフであることを、次のように伝えても伝わりません。

「今ゴルフにハマっているんですよ。週3で行ってて、すごく楽しいんですよね！」

もちろんゴルフが好きなことは伝わりますが、「ハマっている＝趣味」と解釈しない人もいます。伝え手からすると、「これほど好きでゴルフをしていると伝えたのだから、趣味はゴルフだと伝わっているはず」と思いがちですが、必ずしも聞き手がそう思うとは限りません。

「言ったこと以外、伝わらない」は、セミナーやコピーライティングでも原則です。話し手がどれほど「お得だ」と思っていても、お客様がそう感じていなければ意味がありませんよね。

「お得になります。これは特別なことですよ」
「今日だけお得なんです。これはすごいことですよ」

このように「お得」だと言葉で伝えることが重要です。「価値価格は100万円のところ、今回は1万円」と伝えるだけではなく、「だからお得なんです」と口に出しましょう。

⑨ナラティブマーケティングは新時代のセミナー手法！

ナラティブマーケティングとは、一人一人のお客様の立場になって「この商品・サービスによって自分の生活が充実する」と感じさせるための手法です。聞き慣れない言葉だとは思いますが、セミナーで参加者との関係を深め、即決購入してもらうためにも、ぜひ押さえておきましょう。

セミナー作りで注意したいのは、あくまでセミナーは「**1対多数のコミュニケーション**」だと理解しておくことです。例えば、参加者の業種がバラバラなセミナーにおいて、店舗物販をしている人や無形商材を扱っている人が集まったとします。もし講師が店舗物販者向けにずっと話をしていると、無形商材を扱う人はどう感じるでしょうか。きっと「自分には関係ない話だな」と思い、きちんと聞いてくれないでしょう。参加者に、関係ない話をしていると思われると、講師は参加者とのコミュニケーションが取れない状態になります。

参加者に「この話は自分に関係がある」と思ってもらうために、ナラティブマーケティングが重要です。**ナラティブとは物語や語り口といった意味であり、ナラティブマーケティングでは、お客様の物語を一緒に作ります。**

以前、とある自動車のCMで、父と息子の日常の話に自動車が登場しているものがありました。ナラティブマーケティングはこのイメージで、お客様の日常を起点に商品がどのように役立つのかを描いていきます。お客様が商品を使うことで「今後どうなるのか」というストーリーに共感してもらうためにも、セミナーでは一人一人のお客様を主役に成功ステップを描くことが大事です。

▶ナラティブマーケティングの場合

▶ナラティブマーケティングではない場合

・一人一人のお客様を主役に話す

ナラティブマーケティングでは、全員に向けて話す時、**1つのノウハウを話すとしてもさまざまなケースを想定して話しましょう。**お客様それぞれに合わせたケースを話すことで、全員に向けて話をしても、「自分に関係がある」とお客様に思ってもらえます。

「このノウハウは、店舗経営ならこう使います。無形商材を扱っている方ならこうなります。ゼロイチの人の場合は、こういう風にしたら良いですよね」

このように、その場所にいる全員を対象に話すわけです。お客様の属性（商品、業界など）に合わせた成功ステップを全部作りましょう。

きちんと属性を把握して話せば、個別に話しているのと変わりません。2人だけの空間にいるような疑似体験ができます。お客様の属性に合わせたケースで話して、すべてのお客様に「この話は自分と関係がある」と思わせましょう。ナラティブマーケティングを使うと、お客様は話に共感できるので熱心に耳を傾けてくれます。

⑩ 制限をうまく利用する

セミナー中にうまく制限をかけることができれば、商品完売につなげやすくなります。守るべきルールがあると分かると、お客様は行動しやすくなります。

例えばシェアタイムや自己紹介の時間に制限をかけます。１人１分間で自己紹介をするように言ったり、残り45秒など時間を意識させるセリフを入れたりして、制限をかけましょう。何回も何回も制限をつけると、守るために動こうという意識が生まれます。

制限をかけて人を動かせるようになると、最終的にバックエンドに誘導しやすくなります。ただし、いきなり制限されても動きづらいので、**セミナー中に小出しに制限をつけて「制限の中で動く必要がある」ことを教育しましょう。**

ＥＭＳの話にもつながりますが、制限を体験することで「守らなければいけない制限、ルールがある」という価値観が生まれます。それを何度も繰り返すことで、お客様を洗脳状態にします。基本的にセミナー中は講師が主導権を握ります。「この時間内にやってください」「あと１分で終わらせてください」「この時間で終了です」というようにお客様の一挙手一投足を管理しましょう。制限をかけて主導権を握ることで、バックエンドの誘導率も上がります。

・制限するのは期間と人数

制限は、期間か人数にかけましょう。もちろん両方かけても良いですし、どちらか1つでも効果は抜群です。2つ制限をかける場合は、「1週間以内に申し込めば3名様だけ限定価格で提供」などと伝えます。時間の制限は申し込み期日など、自分に都合が良いように決めてOKです。注意点としては、制限をかけた場合に「最初の制限を変えないこと」です。もし変更してしまうと、制限の意味も講師への信用もなくなります。

●良い例

自分：「3名様限定価格で、申し込み締め切りは1週間以内です」

相手：「1週間過ぎたけど、間に合いますか？」

自分：「申し訳ありません。期限が過ぎたので、キャンペーンは終了しました」

●ダメな例

自分：「3名様限定価格で、申し込み締め切りは1週間以内です」

相手：「1週間過ぎたけど、間に合いますか？」
自分：「特別にOKです！」

他のダメな例としては、3人限定だと伝えた後で、5人まで受け入れるなど制限を変えてしまうことです。セミナーの参加者同士で連絡を取り合うこともあるため、期間を勝手に延長してしまうと最初の期日までに購入した人からの印象が悪くなります。口コミが広まれば、講師の信用にも関わるでしょう。

⑪最後のトリガー「期限」を設ける

基本的に人が行動する時は、期限やリミットが必要です。期限を決めないと、無限に引き延ばしてしまいます。例えば仕事で「今日は残業をしない」と決めて、18時までに終わらせるように行動すれば、残業は発生しません。リミットを決めずにダラダラやるほど、残業は多くなります。

●期限を設けた場合
「18時までに仕事を終わらせるぞ！」
↓制限時間内に終わるよう、時間配分を考えて行動する
↓期限を設けたことで残業せずに帰れる

●期限を設けない場合
「今日中に終われば良いかな？」
↓期限がないので、ダラダラ残業してしまう
↓「今日は遅いし、また明日やろう」

期限を設ける重要性は、コンテンツを販売する時も同じです。例えば、制限をかけずに集客系の情報商材を売る場合、購入に迷っている人は「後でじっくり考えよう」と決断を先延ばしにします。動くためには制限が必要です。1週間以内に決めると割引価格になるなど、制限をかけて動くためのトリガーを作りましょう。

お客様が不信感を抱くプレゼン中のNG行動7選と対策

「セミナーは講師が主導権を握れる」と繰り返しお伝えしていますが、主導権を握り続けるためにも、プレゼン中にはお客様に不信感を与えないように注意しなければなりません。「この先生は自信がなさそう」「なんだか頼りないな」と感じさせてしまえば、即決どころか購入につながりにくくなってしまうのです。

ここではプレゼン中のNG行動を7つご紹介します。自分に当てはまっていないかどうかをチェックし、当てはまる行動があれば、早めに改善しましょう。

❶「えー」「あー」を繰り返す

お客様に不信感を与えないことが重要ですので、「えー」「あー」を繰り返さないようにしましょう。「えー」「あー」を繰り返すと、「この人大丈夫かな？」とお客様に思われてしまいます。

もし、「えー」「あー」と言ってしまいそうになったり、緊張で何を話せば良いか分からなくなったりした時は、黙りましょう。黙った方が講師の威厳は保たれます。とりあえず一度黙って、落ち着いたら話し始めることを繰り返していきます。

❷ ふらふらする

セミナーやプレゼンの最中は、真っ直ぐ立ちましょう。ふらふらしていると、お客様は頼りなさそうに感じます。

ただ、緊張していたり自信がなかったりすると、無意識にふらふらする人もい

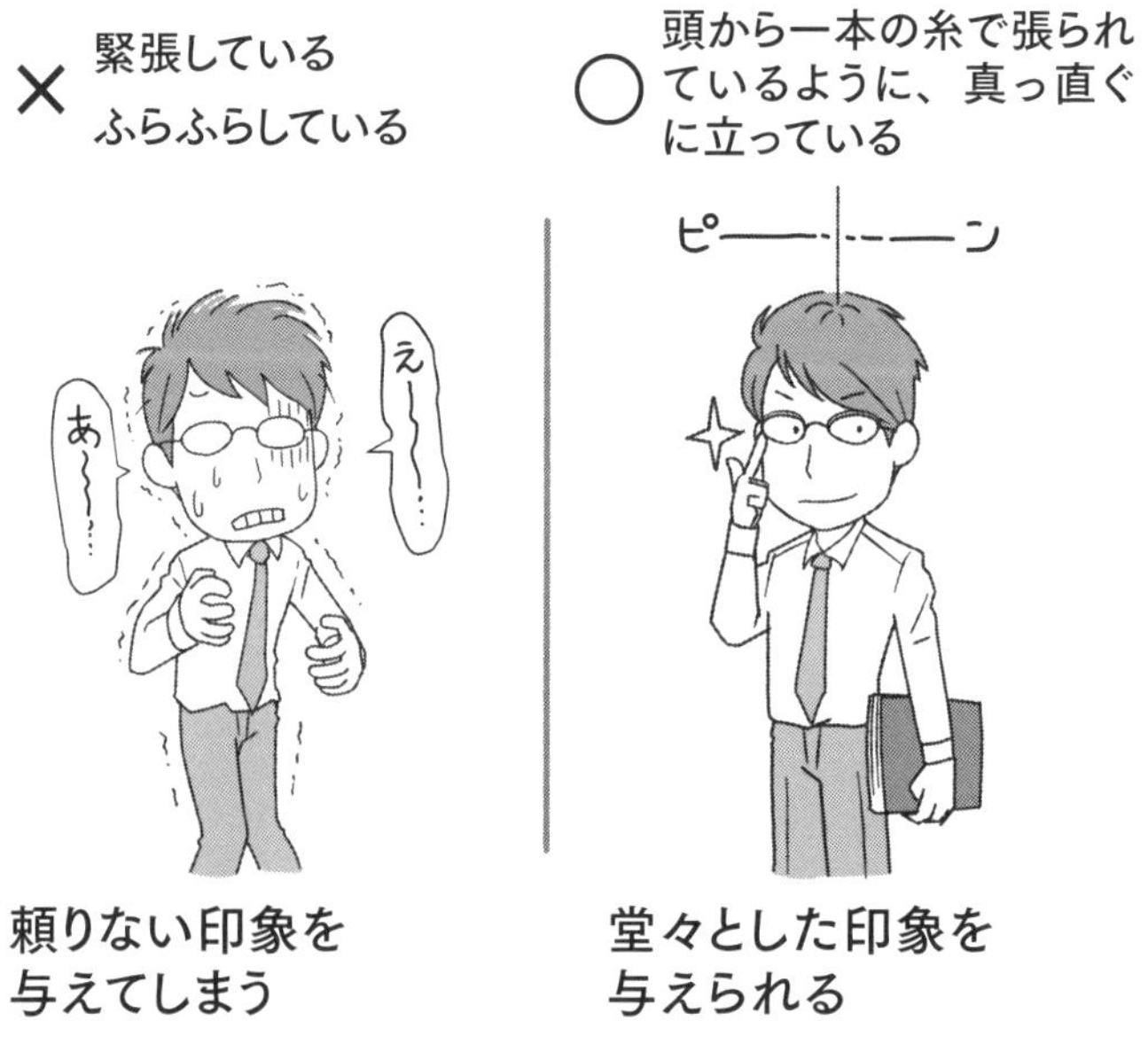

○ 頭から一本の糸で張られているように、真っ直ぐに立っている
ピーーーーーン
堂々とした印象を与えられる
× 緊張している ふらふらしている
え〜〜…
あ〜〜…
頼りない印象を与えてしまう

ます。その場合は、**頭から1本の糸でつられているようにイメージしながら、背筋を伸ばして話しましょう。**そうすれば猫背にならず、お客様へ堂々とした印象も与えられます。

もしアナウンサーがふらふらしながらニュースを伝えていると頼りない印象になり、ニュースの中身に集中できないでしょう。お客様がセミナーに集中できるように、真っ直ぐ立って話しましょう。

❸腕を組む

基本的に腕を組まないようにしましょう。腕を前で組むのも、後ろで手を組むのもNGです。腕を組むのは防御の印象を相手に与えるからです。講師が心を開いていないと、お客様も心を開いてくれません。例えば採用面接でも、面接官が腕を組んで話していると、こちらもつい身構えてしまうでしょう。

腕を組むと落ち着くという人もいますが、隠し事をしたり怒っていたりする時も腕を組むことがあり、相手に不快感を与える可能性があります。腕を組んでしまいそうになったら首に触るなど、意識しましょう。

❹「〜だと思うんですよね」と曖昧な表現をする

成果以外の自分の思想や考えは、必ず断定しましょう。例えば、成果に対して「絶対にこれで稼げる」と言うのは、責任問題になるので支障があります。

しかし、**「絶対にこれがベストな稼ぎ方です」という自分の考えについては、断定できます。**断定言葉は信頼感につながるので、絶対に使うようにします。例えば、「やった方がいいと思うんですよね」は「絶対にやってください」と言いましょう。「思うんですよね」と断定せずに言うと、お客様からは威厳がない講師に見えます。

本当に断定していいのか不安に思う人もいますが、それでいいのです。お客様は講師の話を詳細に聞いていませんし、細かく覚えている人もいません。セミナーでも販売でも、物やサービスに関するプレゼンをする際は、断定言葉を使うようにします。

❺じっとして動かない

オンラインプレゼンでは、絶対に身振り手振りで動きをつけるようにしましょう。静止するのはＮＧです。基本的に人間は音が出るものや、動くものに反応します。そのため動き続けることで、お客様は無意識に講師を目で追います。

特にボディランゲージが大切です。オンラインセミナーの場合、基本的に胸から上が映るので、なるべく顔回りで動きを出しましょう。

❻画面を動かさない

オンラインで画面共有する際は、同じ画面がずっと続くようにするのではなく、多用するようにしましょう。映画の理論では、2秒に1度シーンが切り替わると観客の集中力が切れない、と言われています。実際にテレビを見ていても、画面がずっと止まっていることは少ないですよね。つまり**画面が切り替われば切り替わるほど、相手は集中してこちらに向かってくれます。**

ですので、オンラインセミナーの場合も、シーンの切り替えを多くします。

例えばセミナー中はカメラを2つ設置し、切り替えるようにしましょう。画面に変化が続けば、参加者の意識が継続しやすくなります。加えて、身振り手振りなどの動きをつけることも併用しつつシーンを切り替えると、より効果的です。

❼【服装・髪型編】参加者よりもラフな服を着る・ネクタイをする

参加者よりもワンランク上の服装にしましょう。学生向けならジャケットを羽織ったり、会社員向けならスーツを着たりします。きちんとした服装をしていると、それだけでお客様にしっかりした印象を与えられます。例えば会社員向けのセミナーでTシャツとジーンズを着ていくと、お客様に常識を疑われたり頼りない印象を与えたりします。

ただし、ネクタイは禁止です。ネクタイをすると、クローズマインドという印象が強くなるからです。

また髪型についていうと、お客様に威厳を示すならおでこを出しましょう。政治家もそうですが、おでこを出せば堂々とした印象をお客様に与えられます。実際に私も昔はおでこを出していました。髪型や服装については、すぐに改善できる点ですので、さっそく実践してみることをおすすめします。

第6章

オフラインでもオンラインでも使える トーク術5選

お客様の心をつかむための5つのトーク術

第5章ではプレゼンを即決させるための仕掛けについて解説してきました。商品を購入する前に悩むのは当然のことですので、プレゼン時に「いかに決断を促せるか」は大切なポイントになります。繰り返し読んで実践できるようにすることをおすすめします。

この第6章ではお客様の心を掴み、こちらの話に夢中にさせるためのトーク手法を5つご紹介しましょう。ここでご紹介する方法はオフライン・オンラインのどちらのプレゼンでも活用できますので、現在対面でしか行っていない人にとっても役に立つ内容です。これからオンラインでのプレゼンをメインにしていく人も、ぜひ5つのトーク術を使いこなせるようにしましょう。

❶ セミナー講師のお手本は、歌のお兄さん・お姉さん

講師にとって大事なのは、笑顔です。セミナーでは信頼関係を築く必要があるので、**まずは笑顔で「この場所は危険じゃない」と伝える必要があります。**

そもそもお客様が話を聞かなかったり、敵対したりするのは怖いからです。基本的に「セミナーは怪しい」と思われています。セミナーを通して洗脳されたり、売りつけられたりする怖いイメージがあるわけです。そのイメージを払拭するためにも、笑顔で安心安全な場所だと知らせる必要があります。

良いお手本は、**歌のお兄さん、お姉さん**です。歌のお兄さんは笑顔で分かりやすい言葉を使っているので、子供から大人まで幅広い世代の人に愛されています。初対面の子供たちとでも一瞬で仲良くなれるのは、いつも笑顔でいることで次のようにメッセージを相手に届けるからです。

「ここは安心できる場所なんだよ。怖がらなくて良いんだよ」

セミナーでは歌のお兄さん、お姉さんになったつもりで、「セミナーは安心できる場所なんだよ」とお客様に笑顔で教えてあげましょう。

・お客様を笑わせると売れない

笑顔が大事だと書きましたが、お客様をあまり笑わせると成約率は落ちます。たしかに売るためには感情を揺らすことが大切ですが、仮にこちらの感情をぶつけてネガティブな気持ちを引き出しても、笑わせるとポジティブな気持ちに戻ってしまうためです。

例えばお笑いライブのようなセミナーでは、あまり売れません。お笑いライブは観客を楽しい気持ちにさせますが、**オンラインセミナーで大切なことは「顧客に不安を感じさせること」です。**「問題を解決するために商品を購入する」という行動につなげなければならないので、「未来→問題・原因→解決」のステップで商品を売るには、現状の問題を認識させて理想の未

来とのギャップを知ってもらう必要があります。

しかし、笑わせてポジティブな気持ちにさせると、お客様の不安は消えて楽しい気持ちで帰ってしまいます。「集客できない」と問題提起しても、不安にならないためそれが問題だとは感じません。

アイスブレイクなら構いませんが、ずっと笑わせるような演出はやめた方が良いです。お客様を笑わせずに、自分自身は笑顔で問題提起していきましょう。

❷状況に応じて声の使い方を変える

声の使い方次第で、ストーリーに厚みが出ます。ただ淡々と語るより、嬉しい感情は高い声、怒りの感情は低い声で話した方が、より相手に印象的に伝わるでしょう。例えば、声のトーンや話す速度によって以下のような印象の変化があります。

●高いトーン：若々しく明るいイメージ
●低いトーン：落ち着いていて、頼りになるイメージ
●速く話す：頭の回転が速く知的、熱量が高いイメージ
●ゆっくり話す：親しみやすく安心感がある、落ち着いているイメージ

つまり、**高いトーンで早口だと、明るくて知的なイメージ**を持たれます。一方で**低い声でゆっくり話すと、落ち着いていて親しみやすいイメージ**になります。どちらが良いということで

はなくどちらも一長一短があるので、時と場合に応じて使い分けましょう。

例えば、男女別のセミナーを開催する場合、女性向けのセミナーではゆっくり高めの声で話した方が良いです。女性向けの場合、元から声の低い男性が話すと怖い印象を与えてしまいます。基本的にはセミナーの声のトーンは、高すぎず低すぎない声が良いです。声が低い人はワントーン上げて話しましょう。

一方、男性向けのセミナーの場合は女性向けほど声の低さに気を遣わなくても、問題はありません。低い声は重厚感が出て、威厳があるようにも見られます。また、早口で話した方が集中して聞いてもらうことができ、知的な印象を与えられます。

〈男性向けセミナー〉

●声の高さ：基本的に高すぎず低すぎずだが、低くても威厳をアピールできる

●話すスピード：早口

〈女性向けセミナー〉

●声の高さ：声が低い場合は、ワントーン上げて話す

●話すスピード：ゆっくり

・ストーリーに厚みを出す声の使い方は3段階

声の使い方として、私は3段階の話し方を使い分けています。**〈通常の話し声〉とセールス時の〈早口の高い声〉、〈ゆっくりとした低い声〉**の3つを主に使います。

1・通常の話し声

2・早口の高い声

3・ゆっくりとした低い声

この3つの話し方を話の内容や感情に合わせて使い分けましょう。例えばセールスの時は早口の高い声、ハートフルストーリーなど感情を揺さぶる話の時はゆっくりとした低い声、など使い分けるとよりお客様が集中して話を聞いてくれます。

順番としては、セミナーの初めは通常の話し声で、徐々にペースを上げるイメージです。ペースを上げて、ハートフルストーリーに差し掛かったら、声を落としてゆっくり話しましょう。

一般消費者向けの場合は、声を落とした後で一気にペースを速めて盛り上げます。


〈話す内容による使い分け〉

●通常の話し声：セミナーの導入（徐々にペースを上げる）

●早口の高い声：セールス時

●ゆっくりとした低い声：ハートフルストーリー（自身の辛い体験など）を話す時

セールストークでテンションを上げて早口で話した後に、一拍置いてから声を落とします。

ハートフルストーリーでは、今までの自分の辛かった経験や体験などを話すとお客様の感情が揺さぶられます。お客様も突然リズムが変わったことに驚き、「何があったのか？」と考えて話に集中します。

ただし企業向けの場合は、最後にペースを上げすぎると洗脳系セミナーのような印象を与えるので注意が必要です。基本は通常の話し方で徐々にペースを上げて、一度スピードを落とすことでお客様をセミナーに集中させることができます。

❸聞き手を一瞬で支配する魔法のワード

私はプレゼンで話をする際、**「相手を巻き込んでいくこと」**を大事にしています。これは1対1の会話でも、1対複数の場合でも変わりません。相手を巻き込み、「全員で1つのセミナーを進めていく」と認識してもらえば、お客様はこちらの話に集中してくれるようになります。

しかし複数の聞き手に対して語りかける講演会やセミナーなどでは、講師がステージに立って1人でしゃべるので、つい自分だけに意識が行きがちです。そこで私は普段から、聞き手を「ただ話を聞くだけのお客様」にさせないよう注意しています。例えば、「皆さんの反応次第で僕の話す内容も変わるので、いいリアクションお願いしますね！」「あ、ここ笑うところだなって思ったら大げさに笑ってもらえると安心します（笑）」といったように、自分も一緒に場を盛り上げる一員なんだと意識してもらうのです。

すなわち、**「セミナーはみんなで作っていくもの」**と認識してもらうことが大切になります。

それではみんなでセミナーを作るために、参加者を巻き込むにはどうすればよいのでしょうか。おすすめの方法は、**「仮想敵」**を作ることです。

例えば「ドラえもん」に出てくるのび太とジャイアンって普段は全然仲良くないですよね。ただドラえもんの映画版になると2人は急に協力しあって、いつもはのび太をいじめるジャイアンがいいやつになります。これはドラえもんの映画に出てくる「共通の敵を倒す」という目的から、団結心が生まれているんですね。

セミナーでも仮想敵の存在は効果的で、「あの敵を我々で倒しましょう！」とトークすることでお客様に団結心を持たせられます。**こうした団結心を聞き手に抱かせて、心を1つにさせる魔法のワードが「我々」です。**

選挙で街頭演説をしている候補者もよく言ってますよね。「〇〇党の〇〇さんは、全然公約を守っていない！　市民の皆さんのことを全く考えていない！　果たしてこのままでいいのか？」と仮想敵を作った上で、**「我々でこの状況を変えていきましょう！」**と呼びかけます。

日本語は表現が多様なので「皆」「私たち」「僕ら」など、さまざまな言い方があるのですが、断然オススメなのは「我々」です。ちょっとした違いなんですが、メッセージ性が強くなって聞き手の心に訴えかけやすくなります。簡単ですがすぐ使えるテクニックなので、ぜひ試してみてください。

❹「心を掴む話し方」と「心を掴めない話し方」

心を掴む話し方と掴めない話し方の違いは、**「相手に行動を促せるかどうか」**にあります。そして行動を促すために大切なことは、この6章で解説しているようなトーク術、すなわち**「話し方」**にあります。

よくある間違いが「話す内容を工夫すること」なのですが、本書で繰り返しお伝えしている

【メラビアンの法則とは】

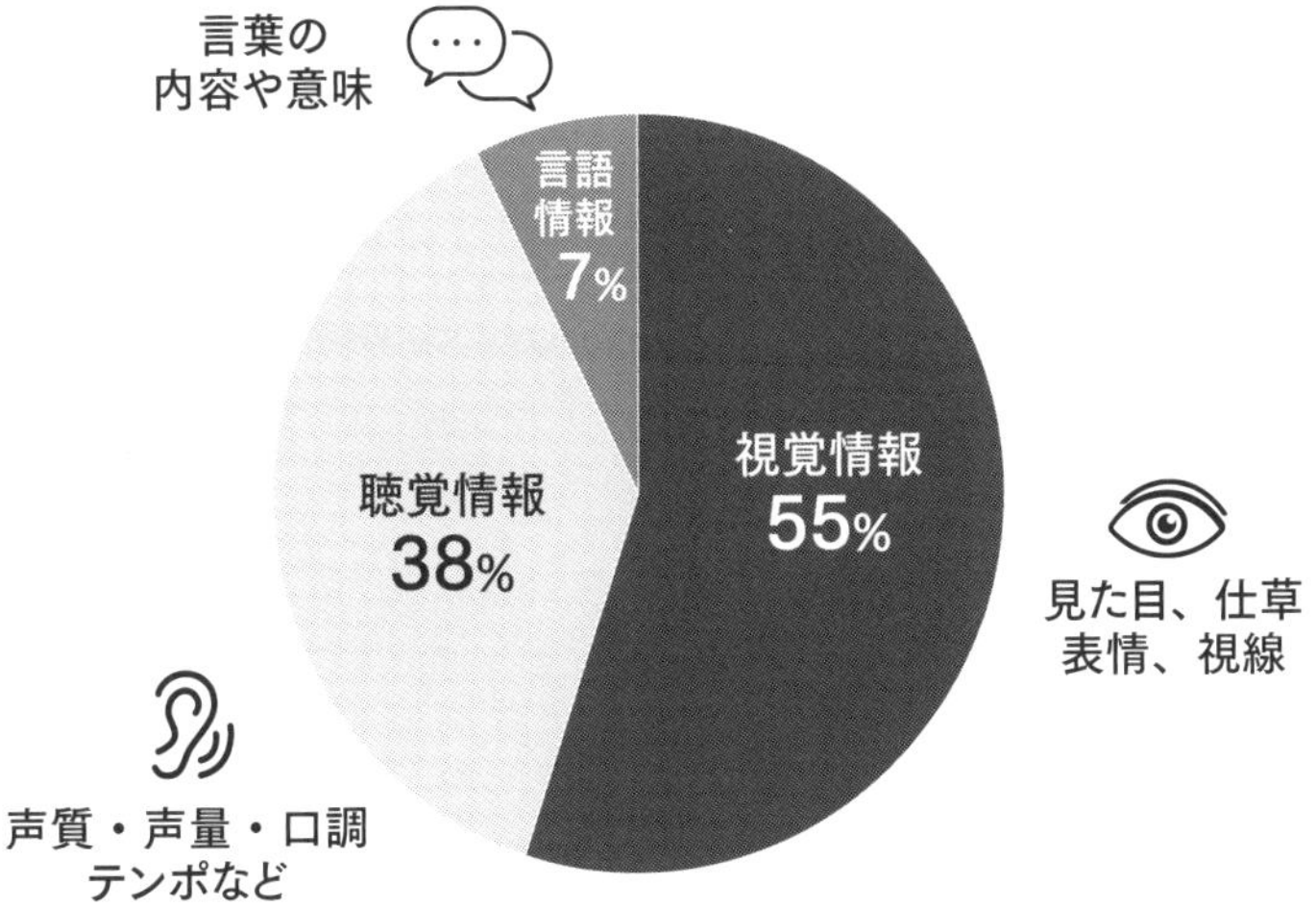

ように、人は真面目に言語情報を聞きません。

　メラビアンの法則では、人間はコミュニケーションにおいて言語情報を7%しか受け取らないと言われています。メラビアンの法則とは、コミュニケーションで言語・聴覚・視覚から情報を受け取る割合は、**言語情報（Verbal）が7%、聴覚情報（Vocal）が38%、視覚情報（Visual）が55%**とされる心理法則。つまり人間が相手の話を理解する時、言語情報は重視していないのです。

　このように話の内容だけで、人の心に

響くようにするのは難易度が高めです。もちろん方法はあるのですが、初心者向けではありません。日常的にセミナーや講演会をしている私でさえ厳しいのに、慣れていない人には至難の業です。

だからこそ相手の心を掴む、つまり相手を巻き込んでいくためには、話し方を工夫するのが重要になってきます。

私がお客様に行動を促す際によく行っているのは、「この中にビジネスをやってる方はどれくらいいますか？」と手を挙げさせることです。この時**「どれくらい」**というワードをくっつけるのがポイントになります。

日本人はシャイな人が多いので、周りを気にしてアクションできない人もよくいます。「ビジネスをやっている人はいますか？」だと、いるかどうか分からないから手を挙げるのが怖くなるのです。ですが、「どれくらいいますか？」だと、そもそも「ビジネスをやっている人が何人かいる」ことが前提ですので、手を挙げやすくなるのです。

以上のように**「相手に何かしらの行動をさせ、なおかつ相手が行動しやすいような伝え方」を意識する**ようにしましょう。

❺ 人が夢中になる話し方は速めのペースでエネルギー高く

聞いているだけで夢中になりやすい話し方を押さえておくことも大切になります。相手を夢中にさせるための話し方は「**速めのペースで、エネルギー高く**」です。すなわち、聞いている側が速いと感じるスピードでしゃべり、なおかつ高いテンション・興奮した状態で話すことが重要です。

まず話すスピードについて。第2章の「オンラインプレゼンで『売れない』人の特徴」の「④話の速度が遅い」でもお伝えした通り、話すスピードが遅いとお客様の感情を揺さぶるのが難しくなります。アナウンサーが話すスピードは1分間で300字ほどであり、この速さが聞き手にとって適切と言われています。

しかしオンラインプレゼンではアナウンサーよりも速く話すことが大切であり、具体的には1分間で360から380字ほどのスピードがおすすめです。ちなみに私がプレゼンで話す時の速さは、最速で1分400～500字ほどです。

オンラインプレゼンで話のスピードを上げなければならない理由は、「相手に考える隙を与えないため」です。人は相手の話すスピードが速すぎると、内容を理解しにくくなり、自分の考えをまとめにくくなります。すると話を聞いているお客様は、自分の余計な雑念が頭の中に浮かばなくなり、こちらの話を聞くことにフォーカスしてくれるのです。お客様の集中力は高まり、一種のトランス状態を作り出すことができます。

「しかしそれでは自分の話の内容をお客さんに伝えられないいんじゃない？」と考えた人もいるかもしれませんが、こちらが伝える言語情報は、オンラインプレゼンでは重要ではありません。繰り返し話している通り、オンラインプレゼンで意識するべきは「お客様の感情を揺さぶること」ですので、何を伝えるかは問題ではないのです。

そこで必要になるのが、「**エネルギー高く話すこと**」になります。つまり、こちらの気持ちを持ち上げた状態で、テンション高く話すことが大切です。人の感情を動かすための簡単な方法は「こちらの感情をぶつけること」ですので、盛り上がった気持ちをお客様にぶつければ、お客様も盛り上がった気持ちにさせられます。

例えば、カラオケに行ってお気に入りの曲を歌う場面を想像してみてください。曲がサビの部分に入ると、自分の気持ちが自然に盛り上がってくるでしょう。他にもアーティストのライブ会場でも、アーティストが演奏を始めた直後や盛り上がる部分に入ると、会場の観客のテンションも一気に上がりますよね。観客は一緒になって踊ったり、手拍子をしながら歌詞を口ずさんだりします。

オンラインプレゼンを実施するときも同様に、こちらの高いテンションを相手にぶつけて、感情を高めるよう意識しましょう。オンラインプレゼンでは、「ライブ会場のアーティスト」がプレゼンの主催者であり、「歌を聴きに来た観客」がプレゼンの参加者です。速いスピードで話して集中させつつ、高いエネルギーをぶつけて感情を揺さぶるようにしましょう。

第7章

ワンランク上のプレゼンターを目指す！セミナーで利用できる5つのテクニック

一流のプレゼンターはお客様の感情を動かせる

ここまでオンラインプレゼンのメリットやデメリット、プレゼンでお客様に即決してもらう方法、そしてトーク術などを解説してきました。お客様に対して行動を促すために重要なのは「相手の感情を動かすこと」であり、それが優秀なプレゼンターになるために必要な要素となります。

最後の7章では、トーク術以外でお客様の感情を動かすことにフォーカスしたテクニックを5つご紹介します。中にはピンチの状況をチャンスに変えることができる手法もありますので、うまくセミナーで使いこなせるようになると良いでしょう。

❶ 3つの段階を突破して相手を感動させる

感動は相手の予想を超える、つまり相手の感情を揺さぶり「この人すごい！」と思わせる驚きを演出することで生まれます。相手に感動を与えるには3つの段階があります。

1・価値観を共有する
2・その価値観を全否定する
3・新しい価値観を伝える

まずは価値観を共有します。これは多くの人が同意してくれるものがいいですね。例えば、セミナーに参加するような人の多くは、勉強熱心で知識を身に付けたい、向上心の高い人が多いと思います。そこで最初に **「セミナーでは勉強をするものですよね」** と相手に問いかけるのです。大体の人はYESと答えるでしょう。

YESと答えた人たちに対して、**「だからあなたは成長できないんです」** と、その価値観を全否定するんです。ここで聞き手に「えっ⁉」という新鮮な驚きが発生するでしょう。予想を裏切るので、聞き手には「なんで成長できないんだ?」という疑問が生まれます。

そこで、新しい価値観を伝えるのです。「セミナーでは勉強するのが当然」、「だからあなたは成長できない」と説明できたところで、次に新しい価値観として **「本来やるべきことは、セ**

ミナーで聞いた話を実行に移しておくこと」と伝えます。

最初から結論を伝えるのではなく、相手の中に根付いている常識を一度全否定した上で伝えると、相手に驚きと疑問を与えられます。すると新しい価値観が伝わりやすくなるのです。このように段階を分けることで、相手の心により印象づけやすくなるのです。

❷開始5分で聞き手の心を掴むレトリック質問

セミナーや講演会、プレゼンで聞き手の心を掴むのに一番力を入れるべきは最初と最後です。特に**最初は最も聞き手の集中力が高い状態なので、開始5分が最重要**となります。ここにすべてがかかっているといっても過言ではありません。

私が心がけているのは、聞き手に「**究極の未来**」を見せてあげること第4章でもお伝えしたように、自分の商品を投資型商品に変える際に重要なのは、その商品を通して得られる素晴らしい未来を示すことです。

この究極の未来に加えて、聞き手が感じるであろう疑問を先取りして解決してあげる「**レト**

リック質問」をすること。この2つがポイントになってきます。

まず究極の未来についてですが、「**今日私の話を聞いたら、あなたにこんな素敵な未来が待っているんですよ**」ということをわかりやすく示しましょう。これについては第4章の「**ステップ2・商品の見どころを明確にする**」を参考にしてください。

人は自分にとってメリットのない話は真剣には聞かないので、相手に自分事として聞いてもらうためにも、こちらの話を聞くメリットを示してあげてください。

次に「**レトリック質問**」をすること。レトリックとは、話す相手を納得・説得させるための会話テクニックのことです。セミナーにおいてお客様は「本当にこの講師の話は自分の役に立つの？」という疑問を持っているので、話を聞くメリットがあることを納得させなければなりません。そのために使えるのがレトリック質問です。

レトリック質問では、「**おそらくあなたはこのように疑っていませんか？**」といった、お客様が疑問に感じていることを、こちらから指摘します。

例えば私なら、「YouTubeで7億稼げたら嬉しい人、この場にどれだけいます?」と聞いて手を挙げさせた上で、「じゃあ今日はYouTubeの話をしますね」と言います。

すると聞き手の頭の中には、

「いや、聞いたところでしゃべくり社長と私は全然境遇が違うし……」

「しゃべくり社長はもともとしゃべりが得意だったから成功したんでしょ?」

という疑問が必ず浮かびます。ここをこちらから指摘するのです。


「今、『自分にはできない、しゃべくり社長だからできたんでしょ』と考えた人もいるのではないでしょうか?」

こうしたレトリック質問をするだけで「あ、この人は私の気持ちを分かってくれているな」と思わせられるので、こちらの話を聞いてくれるようになります。

❸完全にアウェイの状況から聞き手をファンにさせる方法

オンラインプレゼンをしていると、アウェイの状況になるケースも時々あります。アウェイの状況とは、プレゼン参加者の多くが反抗的な人たち、もしくはアンチであることです。こうした状況のまま進めると、プレゼンの効果がないだけではなく、講師側の精神状態も悪くなってしまいます。

しかし、完全にアウェイの状況から聞き手を自分のファンにさせる方法があるのです。その方法は次の通りです。

褒める→批判する→褒める

まず初めに、反抗的な参加者を褒めることから始めます。具体的には、

「今日の皆さんは最高です！」

「皆さんのような方々に来ていただき、私は嬉しく思います！」

このように参加者を褒めます。もちろん、褒めてから通常のプレゼンを開始しても効果はありません。参加者を褒めた後にやるべきは、第三者を利用して批判することです。

「今日の皆さんは最高なんですけど、中にはダメな人も混ざってしまうんですよね」
「目の前で足を組んで腕を組んで、筆記用具も出さないようなやる気のない人もいるんですよ」
「あなたは何しに来たの？　って言いたくなるような人も時々いて、そういう人って大体結果を出せないんですよね」

一通り批判し終えた後に、もう一度褒めます。

「ダメな人が混ざることはあるけど、今日はそういう人がいなくて、本当に良かったです」
「今日の皆さんはやる気がありそうで素晴らしい方ばかりですので、安心して進められます」

批判的な人が混ざっていても、目の前で遠回しに批判・称賛されると、相手は気まずくなって態度を改めます。**実際に私は完全にアウェイな状況で、この「褒める→批判する→褒める」**

の3ステップを入れることで、批判的な人をファン化できました。

冒頭にこの3ステップを挟むだけで劇的に変わりますので、アウェイ感のあるプレゼンの場合は、必ず実施してみてください。

❹お客様が理解できる「共通言語」を探る

基本的にセミナーや講演会では、初心者から上級者までいろいろなレベルの人が集まります。そのため**セミナーで話すレベルの原則は、その会場にいる一番下の人に合わせましょう。**まず、自分とお客様の共通言語（お互いに理解している言葉）を確認します。共通言語を確認せずに、難しい言葉を使ったところでお客様は理解できません。

例えば私のセミナーの共通言語は次の通りです。

- **コンセプト**
- **コンテンツ**
- **エンゲージメント**

●コンバージョン

共通言語を確認できているので、このワードを使用しても受講生は全員理解します。しかし、新規のお客様にいきなり「CPA（顧客獲得単価）は、今いくらですか？」と聞いても理解してもらえません。共通言語は、その場のお客様の中で一番下のレベルの人に合わせましょう。

お客様に上級者が多いと、講師は「負けたくない」と考えてレベルの高い情報を出してしまいがちですが、初心者は理解できないので購入してもらえません。初心者レベルに合わせると、「上級者に購入してもらえないのでは？」と思われるかもしれませんが、**8割は会場の最低レベルに合わせて、2割だけ上級者も知らないレベルの話をすればOKです。**8割初心者・2割上級者向けのバランスで話すと、上級者からの興味も引き付けられ、購入してもらえます。

・決裁者と担当者が同席するなら、担当者向けに話そう

商談の場でプレゼンする時、決裁者と担当者がいるなら絶対に担当者に向けて話しましょう。先ほどの初心者レベルに合わせるという話と同じで、商品導入による経営上のメリットを語っても担当者には分かりません。8割は担当者レベルで話し、決裁者が同席しているなら2割だ

け上級者向けにナラティブなコミュニケーションを意識して話せば、売れます。

担当者には個人的なメリットを伝えましょう。大手企業の社員であると同時に、担当者は1人の人間です。ですので、担当者が個人的に求めているメリットを提示すれば売れます。例えば、次のようなイメージです。

〈出世欲が高い担当者の場合〉

「この商品を導入すると、出世に結びつきますよ」

〈楽をしたい担当者の場合〉

「この商品を導入すると、業務が楽になりますよ」

このように担当者のメリットを出すことで、担当者と結託して商談を進められます。会社のメリットと、個人のメリットを組み合わせて提示しましょう。

個人のメリットを提示するのは、担当者・経営者問わずに使えるテクニックです。私は会員制の高級店を紹介したりして、食通の経営者との商談も優位に進めています。上場企業の社長であっても、そこまで年収が高くなかったり、お店についてもあまり知らなかったりします。そこで、個人のメリットとしてお店を紹介することで、「付き合い続けたい」と思ってもらうわけです。

❺ボディランゲージ・画面の動き・音でお客様の集中力を上げる

「オンラインセミナーではお客様の集中力が持続しにくい」という話は、ここまでで何度かお伝えしてきました。ここでは、お客様の集中力を上げたりリセットしたりする時に伝えるテクニックをご紹介しましょう。

お客様の集中力を変化させるためには、ボディランゲージや音によって、お客様の視覚・聴覚に変化を起こします。第6章でも解説した「メラビアンの法則」によると、人は言語情報よりも視覚・聴覚情報を受け取る割合が高めです。そのためセミナーやプレゼンでは、ボディランゲージや音などの、視覚・聴覚の演出を交えることが大切です。

・ボディランゲージ

まずはボディランゲージから解説しましょう。ボディランゲージを使うと集中力だけではなく、感情にも影響を与えることができます。例えば**口角を上げると、相手にネガティブな感情が生まれにくくなります。**加えて、**人は行動によって感情が変化するので、相手にうなずいてもらうなど、お客様にボディランゲージを使ってもらう**ことも、交渉を優位に進めるために重要です。

具体的にどのようなボディランゲージを使えば良いかというと、例えば**腕を組まずに話すと「心を許している」というイメージを相手に与えます。**人間は心臓など大切な臓器を守るために、危険を感じると腕を組みます。ですので、腕を組まずに胸を開くと心を許しているという印象になります。こちらが心を許すことで相手も警戒を解くので、セミナーの時はなるべく胸を開いて話しましょう。

ボディランゲージを使う例

手を広げて話す

使い方：ウソをついていない印象になるので、信頼性を高めたい時（数字の話、ハートフルストーリーなど）に使う。

片眉を上げる

使い方：相手にうなずいてもらいたいときに、「分かっていますか?」と片眉を上げて笑顔で聞く。

人差し指で下を指す

使い方：権威性を示せるので、話し手の立場が上だと感じさせたい時（演説などでも）に、何度も下を指しながら話す。

額に手を当てる

使い方：お客様の理解力を高めるポーズなので、データなどの難しい話の時に使う。

・画面の動きや音

続いて画面の動きや音を用いて、相手の視覚・聴覚情報に影響を与える方法です。オンラインではリアルのセミナーよりも動きをつけづらいので、ズームアップなど画面の奥行きを感じさせたり、音の演出を使ったりした方が良いです。音を出したり動いたりするものがあると、お客様の集中力が途切れにくくなります。

一方で、ただパワポの資料を共有するだけの方法だと、参加者の意識はこちらに向かない点に注意しましょう。スライドを共有して解説するだけでは、参加者はすぐに退屈し、注意力を失う可能性があります。そのため、オンラインプレゼンを成功させるためには、参加者の意識をこちらに向ける必要があります。

私はよくカメラにいきなり顔を近づけたり、指パッチンをやったりします。他にも手をたたくなど音の演出をすると、お客様の注意を引けますので、ボディランゲージや画面の切り替え、音を組み合わせてお客様の集中力を上げましょう。

◎画面の奥行きを使う例

●ズームアップ

●顔を画面に近づける、など

◎音を使う例

●指パッチン

●手をたたく、など

他に私がやっているのは「**プレゼンの途中でジャケットを脱ぐこと**」です。服装が変わるのも画面の変化ですので、お客様のフォーカスをこちらに向けられます。結婚式などでも、挙式と披露宴で新郎・新婦の服装が変わりますよね。服装の変化は参加者の注意を引きつけられるので、オンラインプレゼンでも利用できる方法です。すぐに実行できるので、ぜひ試してみてください。

服装以外ですと、オンラインで背景を替えるのもおすすめです。Ｚｏｏｍなどを活用したオンラインプレゼンでは、背景を自由に変更できます。講師がいる場所をそのまま背景にすることもできれば、指定の画像・色を背景にすることも可能です。背景を事前に用意しておけば、すぐに変更できます。

なお、画面は定期的に変更するようにしましょう。例えば1時間に1回、30分に1回など、タイミングを決めておきます。オンラインではお客様の集中力が乱れがちですので、集中が途切れやすいときを見極めて、変更するタイミングを決めると良いでしょう。

おわりに

「しゃべる」ということは多くの人が日常的に行っていることです。

家族や友人・同僚と雑談したり、会社の上司・取引先と商談したりと、私たちは普段から言葉を発しながら生活しています。

それにもかかわらず、「しゃべる」質は人によって大きく異なりますし、義務教育時代にしゃべることに関する教育も受けてきませんでした。

ですが、もしあなたがビジネスで成功したい場合、「しゃべる」こと自体の質を上げていく必要があります。

本書でも解説した通り、成功者のほとんどはスピーカーです。

売上を出している起業家・経営者は必ず人前で話すことをしており、目の前にいる人たちの感情を常に動かそうとしています。だからあなたもしゃべりの質を高めて、人の感情をうまく動かし、成功につなげていってほしいと考えています。

特に、有名なスピーカーがいない業界・分野があれば、率先して踏み込んでいきましょう。競合が少ないところであれば、あなたが第一人者になれますし、業界を活性化させることにもつながります。

同時に、プレゼンは直接的に自分の想いや考えを多くの人に広められますので、人前で話すことを通し、あなたに仲間ができたり賛同する人を増やしたりすることもできます。

残念ながら日本人には社交的な性格よりも内向的な傾向を持つ人が多く、自己表現に苦手意識がある人が少なくありません。

特にプレゼンに関しては、相手に自分の意見やアイデアを伝えることが求められるため、多くの人が不安や緊張を感じがちです。プレゼンに関する準備や練習を十分にやらず、本番で失敗してしまう人も多いでしょう。

それに加えて、日本の教育システムにおいてプレゼンに必要なスキルやトレーニングを受ける機会が限られていることも、プレゼンが苦手な人が多い原因の1つです。

多くの学校や企業では、プレゼンに関する指導が不十分であり、苦手意識を持つ人たちにとってはよりハードルが高くなってしまいます。

一方、アメリカ人は学校教育でプレゼンのトレーニングを受けています。

一般的にアメリカでは、プレゼンのスキルを身につけることが重要視されており、それが学校教育にも反映されています。

実際にアメリカの学校において、プレゼンのトレーニングを受ける機会は、比較的多く用意されています。

例えば中学校や高校では、英語や社会科の授業など、さまざまな科目において、プレゼンのスキルを学べる場があります。また、大学や大学院に進学する際には、プレゼン能力を証明するためのスピーチコンテストやプレゼン大会が開催されることもあるのです。

さらに、社会人になってからもプレゼンのトレーニングを行う機会があります。多くの企業では、ビジネスプレゼンのスキルを磨くためのトレーニングプログラムを用意しており、社員のスキルアップやキャリアアップのための支援をしています。

こうして比較してみると、日本人はアメリカ人に決してビジネスで勝ち目がないように感じるかもしれません。

しかし日本人はプレゼンが下手なのではなく、十分なトレーニングを受けていないだけ、というのが私の考え方です。

ですので、まずはプレゼンのトレーニングを積むことが重要になります。

日本では、教育現場や企業のプレゼンのトレーニングが不十分であることが多いため、自分で研究したり、トレーニングを受けたりする必要があるでしょう。具体的には本書で解説した方法を実践していくことをおすすめします。

そして本書の序盤でも解説した通り、プレゼン力を身に付ければ、あなたのビジネスだけではなく、あらゆる場面でも活用できます。

例えば友人や家族との会話、趣味やスポーツの場での自己紹介など、さまざまな場面でプレゼンのスキルを活用することができます。

自己紹介の場面であれば自分自身を簡潔かつ明確に伝えることが求められますので、プレゼンのスキルを活かし、自分の特徴や強みについて聞き手の感情を動かしながら説明できれば、相手に印象づけることができます。

同僚や上司などとのコミュニケーションの場面であれば、相手に対して自分の意見・アイデアをうまく伝えることで、充実した意見交換やディスカッションができるだけではなく、自身の能力のアピールにもつなげられるでしょう。

以上のように、プレゼン力はビジネスの場だけでなく、プライベートの場面でも役に立つ能力です。プレゼンのスキルを磨くことは、公私ともに豊かな人生を送るためにも重要と言えるでしょう。本書で解説したことを実践し、ぜひプレゼン力向上を目指してください。

巻頭でもお知らせしましたが、**本書をお読みいただいている方限定で、3時間以上の超大作動画を特別に無料でプレゼントします。見るだけで人生が変わると評判が高い、〝伝説〟の「最新セミナーマーケティングスペシャル講義動画」を提供させて頂きます。**

次のQRコードを読み取って、是非セミナー映像の受け取り申請をして頂ければと思います。

しゃべくり社長　川瀬　翔

本書読者様への特別プレゼント

伝説の「最新セミナーマーケティングスペシャル講義動画」が**無料**で見られます！

・プレゼン力アップに応用できるテクニックとポイントをたっぷり話しています！

・本書の内容をより深く理解するためにも、この動画が役に立ちます！

▼まずはこの QR コードから登録を！

3時間以上のボリューム!

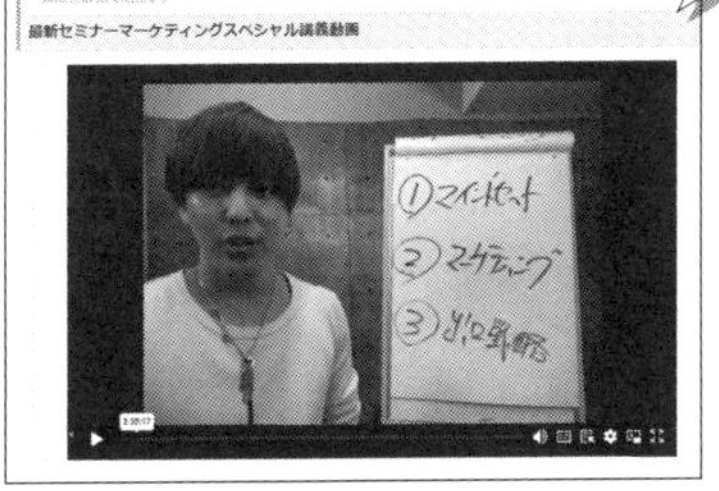

川瀬 翔（かわせ しょう）

1991年生まれ、三重県出身。株式会社HUUK代表取締役。

小規模から5000人以上の登壇を数多く経験し、述べ50万人以上の来場実績を誇る。講演会を通しての販売実績は累計50億円以上にものぼる。話し方のプロフェッショナルとして活躍し、セールス、マーケティング、スピーカートレーニングを実施。スティーブ・ウォズニアック(Appleの創設者)、ロバート・キヨサキ(不動産投資)、ランディー・ザッカーバーグ（FaceBook創業者の姉）など数々の日本初来日の著名人を招き大型イベントの成功に導いている。現在は、企業へのコンサルティングや顧問として利益・売上の最大化のためのビジネス戦略を提供している。

驚くほど売れる即決プレゼン術

2023年7月31日　初版発行
2023年8月10日　第3刷発行

著者／川瀬 翔

印刷所／中央精版印刷株式会社

監修／株式会社HUUK
〒160-0023 東京都新宿区西新宿7-5 GOWA西新宿2F

コンテンツ提供／株式会社TENGOOD
〒160-0023 東京都新宿区西新宿7-7-25 ワコーレ新宿第二ビル3F

発行・発売／株式会社ビーパブリッシング
〒154-0005 東京都世田谷区三宿2-17-12　tel 080-8120-3434

ISBN 978-4-910837-09-3　C0034